2018 中国旅游职业教育年度报告

全国旅游职业教育教学指导委员会
北京第二外国语学院中国旅游人才发展研究院◎主编

北京 · 旅游教育出版社

责任编辑：郭珍宏

图书在版编目（CIP）数据

2018中国旅游职业教育年度报告 / 全国旅游职业教育教学指导委员会，北京第二外国语学院中国旅游人才发展研究院主编. -- 北京 : 旅游教育出版社，2020.6

ISBN 978-7-5637-4099-4

Ⅰ. ①2… Ⅱ. ①全… ②北… Ⅲ. ①旅游教育—职业教育—研究报告—中国—2018 Ⅳ. ①F592

中国版本图书馆CIP数据核字(2020)第083028号

2018 中国旅游职业教育年度报告

全国旅游职业教育教学指导委员会
北京第二外国语学院中国旅游人才发展研究院 主编

出版单位	旅游教育出版社
地　　址	北京市朝阳区定福庄南里 1 号
邮　　编	100024
发行电话	（010）65778403　65728372　65767462（传真）
本社网址	www.tepcb.com
E - mail	tepfx@163.com
排版单位	北京旅教文化传播有限公司
印刷单位	北京虎彩文化传播有限公司
经销单位	新华书店
开　　本	787 毫米 ×1092 毫米　1/16
印　　张	10.125
字　　数	177 千字
版　　次	2020 年 6 月第 1 版
印　　次	2020 年 6 月第 1 次印刷
定　　价	68.00 元

（图书如有装订差错请与发行部联系）

前　言

党的十九大做出了“中国特色社会主义进入新时代”的历史方位重大判断。“新时代”最本质的特征是实现从“站起来、富起来”到“强起来”的历史性转变，这是新时代的终极目标和价值标尺，也是我们思考中国旅游职业教育发展问题的逻辑起点。

党的十九大报告提出“完善职业教育和培训体系，深化产教融合、校企合作”，可谓为我国职业教育的发展指明了发展方向。习近平总书记在2018年全国教育大会上做出重要讲话，围绕“培养什么人、怎样培养人、为谁培养人”这一根本问题作出了战略部署，明确提出“办好教育事业，家庭、学校、政府、社会都有责任”这一重要论断，牢牢把握住了我国教育事业发展的阶段性特征，牢牢把握住了办人民满意的教育需要全社会合力的内在规律，为调动全社会的力量办好教育提供了强大支撑、指明了努力方向①。

对我国旅游业而言，2018年是浓墨重彩的一年。2018年，我国开启了文旅融合发展的新篇章。本年度文旅融合开局顺利，按照“宜融则融、能融尽融；以文促旅、以旅彰文”的工作思路，以文化拓展旅游经济发展空间，以供给侧改革促进品质旅游发展，不断增强民众对旅游的获得感。

2018年全年，国内旅游人数达55.39亿人次，比上年同期增长10.8%；入出境旅游总人数达2.91亿人次，同比增长7.8%；全年实现旅游总收入5.97万亿元，同比增长10.5%。初步测算，全年全国旅游业对GDP的综合贡献为9.94万亿元，占GDP总量的11.04%。旅游直接就业2826万人，旅游直接和间接就业7991万人，占全国就业总人口的10.29%②。

随着我国旅游业跨入了崭新的发展时期，我国旅游职业教育也乘势而动，激发了新的发展潜力。2018年，我国旅游职业教育总体规模稳定，内涵建设稳步提升，各院校围绕改革创新、专业建设、学生发展、合作育人、社会服务等方面取得了卓著的发展成就。通

① 引自《中国教育报》2018年9月22日评论员文章《全社会共同担负起办好教育的责任——十论学习贯彻习近平总书记全国教育大会重要讲话精神》。

② 资料来源：文化和旅游部2018年旅游业统计数据。

过编写《2018中国旅游职业教育年度报告》(简称《报告2018》)，梳理当今旅游职业教育的发展情况，总结成功案例和模式，厘清旅游职业教育的发展路径，有助于我国旅游职业教育的良性发展。

为高质量完成《报告2018》的撰写，准确、全面、客观地了解我国旅游职业教育发展的情况，课题组专门设立了分布全国的6个数据观测点，开展线上调查。同时，课题组选派专家在山东、吉林、辽宁、四川等地进行了实地调研，结合线上调查，顺利完成了全国300余家职业院校的调研工作。调查合计发放问卷320份，回收308份，有效问卷247份，回收率96.25%，有效率80.19%。

自2014年9月出版第一本《中国旅游职业教育年度报告》至今，课题组在文化和旅游部、全国旅游职业教育教学指导委员会领导的指导下，在各相关院校同仁、业内专家、学者的大力支持下已顺利完成六本报告的撰写和出版工作。今年，《报告2018》得到了上述领导、专家、学者一如既往的支持和帮助，在此一并表示感谢!

鉴于课题组能力有限，报告难免出现一些瑕疵甚至错误，我们诚邀广大读者和专家不吝赐教，对我们提出宝贵的修改意见，谢谢!

报告编委会

2019年12月

目　录

第一章　绪　论 …… 1
第一节　宏观背景 …… 1
一、世界教育发生革命性变化 …… 1
二、我国教育被赋予新的历史使命 …… 2
第二节　中观背景 …… 3
一、职业教育地位更加突出 …… 3
二、旅游业迎来全新发展时期 …… 5
第三节　微观背景 …… 9

第二章　发展概况 …… 11
第一节　调研概况 …… 11
一、办学层次 …… 11
二、地区分布 …… 12
第二节　办学规模 …… 12
一、院校规模 …… 12
二、招生情况 …… 13
第三节　办学条件 …… 15
一、硬件设施 …… 15
二、校园文化 …… 16
三、智慧校园 …… 18
第四节　师资培养 …… 19
一、师资数量 …… 19

二、师资结构 …… 20
三、师资培养 …… 21
第五节 改革创新 …… 23
一、体制创新 …… 23
二、职教体系建设 …… 25
三、“1+X 证书”探索 …… 27

第三章 教育教学 …… 30
第一节 专业建设 …… 30
一、目录内专业建设 …… 30
二、目录外专业建设 …… 34
三、专业群建设 …… 36
第二节 课程建设 …… 38
一、在线课程建设 …… 38
二、职业素养类课程建设 …… 39
三、新课程建设 …… 41
第三节 实习实训 …… 42
一、校内实训 …… 42
二、校外实习 …… 44
第四节 教学评价 …… 46
一、评价原则 …… 46
二、教学评价方法的思考 …… 48
第五节 教学成果 …… 49
一、国家级教学成果奖 …… 49
二、省部级教学成果 …… 53

第四章 学生发展 …… 54
第一节 思政教育 …… 54
一、课程开设 …… 54
二、第二课堂 …… 58

第二节 技能大赛 ······ 60
一、中职组酒店服务赛项回顾 ······ 60
二、高职导游服务赛项回顾 ······ 64
三、技能大赛对旅游职业教育发展的影响 ······ 69
第三节 创新创业 ······ 71
一、创新创业教育 ······ 71
二、创新创业成果 ······ 76
三、创新创业教育存在的问题 ······ 77
第四节 就业升学 ······ 78
一、就业情况 ······ 78
二、升学情况 ······ 81

第五章 合作育人 ······ 84
第一节 校企合作 ······ 84
一、校企合作现行模式分析 ······ 85
二、校企合作存在的问题和解决措施 ······ 89
第二节 国际合作 ······ 91
一、抓住“一带一路”机遇，致力提升国际化服务与教育 ······ 93
二、接轨世界，引进国际标准与认证 ······ 94
三、合作办学，打造国际化育人课程 ······ 95
四、师生对外交流和培训学习频繁 ······ 96
五、积极参加国际比赛，境外获奖数量有所增加 ······ 97
第三节 旅游职业教育集团发展 ······ 98
一、旅游职教集团现状与信息 ······ 98
二、旅游职业教育集团作用与成果 ······ 101
三、问题和建议 ······ 103

第六章 社会服务 ······ 105
第一节 旅游职业教育社会服务职责的内涵和作用 ······ 105
一、旅游职业教育社会服务的内涵 ······ 105

二、旅游职业教育社会服务作用 ……105
第二节 旅游职业教育社会服务现状分析 ……106
一、根据服务对象来划分 ……106
二、根据社会服务手段来划分 ……111
第三节 前景与展望 ……122
一、聚焦文旅融合，拓展服务新领域 ……122
二、关注新业态，开辟服务新空间 ……122
三、加快机制建设，营造服务新环境 ……123
四、把握政策导向，挖掘服务新深度 ……123

第七章 中国旅游职业教育应用研究 ……125
第一节 应用研究发展概况 ……125
一、论文统计分析 ……125
二、科研项目统计分析 ……131
第二节 旅游职业教育应用研究展望 ……132
一、加强“体系化”的职业教育理论研究 ……133
二、重视研究方法的规范性与跨学科思维 ……133
三、注重政策热点研究，真正为旅游业发展提供智力支持 ……134
四、提高横向技术服务输出能力，服务贡献社会 ……135

第八章 趋势与展望 ……136
第一节 提高育人质量，打造高素质技能人才培养新高地 ……136
一、打造旅游职业教育一流院校和一流专业 ……139
二、探索促进旅游技术技能人才培养模式改革之路 ……140
第二节 推动协同育人，探索职业教育发展的新路径 ……140
一、校企全面加强深度合作，推动校企协同育人 ……140
二、引入大师名匠，打造“双师型”专兼职教师队伍 ……141
第三节 输出中国标准，展现旅游职业教育的新魅力 ……143
第四节 注重育训结合，形成旅游职业教育的新影响 ……144
第五节 参与“一带一路”，凝聚旅游职业教育发展新动能 ……144

第六节　聚焦文旅融合，探索旅游职业教育人才培养新模式 ……145
第七节　助力乡村振兴，突显旅游职业教育新成效 ……145
第八节　探索多项举措，迎接旅游职业教育新挑战 ……146
一、提质与扩招并进带来新挑战 ……146
二、高质量输出技术服务遭遇新挑战 ……147
三、旅游高职教育特色类型教育建设面临新挑战 ……147

附　录 ……148

第一章　绪　论

2018 年是中国文化旅游融合发展的第一年，也是中国职业教育大发展的一年。

这一年，中华人民共和国文化和旅游部正式成立，旅游业进入了文旅融合大发展的新时代。“泛旅游产业”取代了传统的旅游产业，文旅融合、全域旅游、“旅游 +”等因素促使旅游业的发展规模更大、质量更高、前景更广。

这一年，中国职业教育坚持稳中求进的总基调，按照高质量发展根本要求，着力提升质量，扎实推进教育内涵式发展。教育部先后印发了《关于职业院校专业人才培养方案制订工作的指导意见》（征求意见稿）、《中等职业学校职业指导工作规定》《新时代高校教师职业行为十项准则》《高等学校人工智能创新行动计划》（教技〔2018〕3 号）等文件，召开了全国教育大会，我国的职业教育在朝着具有中国特色的职业教育强国稳步迈进。

本章内容旨在梳理当今我国旅游职业教育的发展背景，为下一步客观分析中国旅游职业教育的现状、问题和对策提供基本参考依据。

第一节　宏观背景

一、世界教育发生革命性变化

从国际上看，世界多极化、经济全球化、文化多样化、社会信息化深入发展，国际金融危机深层次影响在相当长时期依然存在，新一轮科技革命和产业变革蓄势待发，互联网、云计算、大数据、智能机器人、三维（3D）打印等现代技术深刻改变着人类的思维、生产、生活和学习方式。国际竞争日趋激烈，人才培养与争夺成为焦点，世界教育也正在发生革命性变化。优先发展教育，构建现代教育体系，建设学习型社会，培养大批创新人才，已成为人类共同面临的重大课题和应对诸多复杂挑战、实现可持续发展的关键[①]。确保包容、公平和有质量的教育，促进全民享有终身学习机会，成为世界教育发展的新目标。教育与经济社会发展的结合更加紧密，以学习者为中心，注重能力培养，促进人的全面发展，全民学习、终身学习、个性化学习的理念日益深入人心。教育模式、形态、内容和学

① 《国家教育事业“十三五”发展规划》。

习方式正在发生深刻变革，教育治理呈现出多方合作、广泛参与的特点。

《国家教育事业发展“十三五”规划》指出：我国教育改革发展虽然取得了显著成就，但尚不能完全适应人的全面发展和经济社会发展需要，仍存在一些突出问题，主要表现为：科学的教育理念尚未牢固确立，促进学生全面发展的育人模式与环境有待完善，产教融合、科教融合的协同培养机制尚未形成，学生创新创业能力的培养有待加强；教育发展还存在不平衡、不协调的问题，城乡、区域之间教育差距仍较大，优质教育资源总量不足、布局不合理，学前教育、职业教育、继续教育仍是教育体系中的突出短板，人才培养的类型、层次和学科专业结构与社会需求不够契合；教师队伍素质和结构不能适应提升质量与促进公平的新要求；学校办学活力不强，促进和规范社会力量参与举办教育的法律制度和政策体系亟待完善，多方参与教育治理和评价的体制机制还不健全；教育对外开放的水平不够高；教育优先发展地位需进一步巩固。

教育改革与发展是一项重大的全球性问题，是世界各个国家战略发展之重。在全球化、多元化的背景下，各国教育改革有着对实现教育公平、提高教育质量的共同追求，也有基于不同国情或背景的独特的教育改革经验。国家教育改革与发展一方面需要顺应国际教育改革发展趋势，另一方面需要体现本土特色与立场，无论是方针政策的制定，还是改革实践的探索，都需要开拓国际视野，借鉴他国经验。

目前，世界各国相互联系日益加深，政治、经贸、人文等交流合作更加广泛。中国在扩大开放中深度融入世界，也为各国发展带来了机遇。到中国商务合作、学习交流、旅游观光的人越来越多，中国的教育也更具开放性、更具影响力，中国的教育正在重回世界中心。

二、我国教育被赋予新的历史使命

新时代，我国的教育事业已经被赋予了新的历史使命，成为实现中华民族伟大复兴的重要基石，将朝着更高质量、更加公平、更有效率、更可持续的方向发展。

2017 年 1 月，国务院印发《国家教育事业发展“十三五”规划》，提出“十三五”时期教育改革发展的总目标是：教育现代化取得重要进展，教育总体实力和国际影响力显著增强，推动我国迈入人力资源强国和人才强国行列，为实现中国教育现代化 2030 远景目标奠定坚实基础。

2017 年 10 月，党的十九大报告从新时代坚持和发展中国特色社会主义的战略高度，作出了优先发展教育事业、加快教育现代化、建设教育强国的重大部署。提出教育是民族振兴、社会进步的重要基石，是功在当代、利在千秋的德政工程，对提高人民综合素质、促进人的全面发展、增强中华民族创新创造活力、实现中华民族伟大复兴具有决定性意义。

2018年9月，习近平总书记在全国教育大会上做重要讲话，提出9个“坚持”，即“坚持党对教育事业的全面领导，坚持把立德树人作为根本任务，坚持优先发展教育事业，坚持社会主义办学方向，坚持扎根中国大地办教育，坚持以人民为中心发展教育，坚持深化教育改革创新，坚持把服务中华民族伟大复兴作为教育的重要使命，坚持把教师队伍建设作为基础工作。”这 9 个“坚持”是我国教育事业未来发展的指路明灯，也是职业教育实现转型升级的行动指南。

我国对于 2035 年的教育展望是“四个全面，两个个人”的目标，即全面构建现代化教育体系，全面实现教育现代化，全面提高教育质量，全面提升人力资源开发的水平；确保每名学生接受高中阶段的教育，让每位公民有终身学习的机会。我们要重回教育中心地位，建设世界级的教育强国。

随着教育的普及化趋势、融合化趋势、职业化趋势、国际化趋势，我国已进入教育发展的新时代。中国教育的新时代包含四个方面的含义：一是中国教育正在进入从大到强，建设教育强国的新时代；二是指中国教育服务于更高层次开放型教育的新时代，我们的教育必须为开放型的教育、更高层次的教育提供支撑；三是指中国人民享受世界水平现代化教育的新时代；四是指中国更加自信地走向世界教育舞台中心的新时代。

建立与教育强国相适应的教育体系、教育制度、教育文化和教育资源配置方式，是中国教育面临的巨大挑战和艰巨任务。从教育规模增长到教育质量提高、从教育大国到教育强国，现在还需要有和教育强国相匹配的资源配置方式。下一步，我国的教育投资将从教育规模的增长转向教育质量的提升。

第二节 中观背景

一、职业教育地位更加突出

自新中国成立以来，我国的职业教育大致经历了三个发展阶段。从 1949 年新中国成立到 1991 年，是我国职业教育的 1.0 时代，是奠基式发展阶段。从 1992 年我国确定了建立社会主义市场经济体制的改革目标后到 2013 年，是我国职业教育规模化发展的 2.0 时代。2014 年国务院印发《关于加快发展现代职业教育的决定》至今，我国职业教育进入了内涵式发展的 3.0 阶段，从规模走向质量。

党的十八大以来，我国出台一系列促进职业教育发展的文件，走出了一条具有中国特色的职业教育发展道路，实现了历史性的新跨越。目前，我国已建成了世界上最完整的工业门类，19 大类 1000 多个专业，覆盖了国民经济所有产业和行业。2018 年，全国有职业院校 1.17 万所；中等职业教育和普通专科招生 928.24 万人，在校生 2685.54 万人。其中，全国中等职业教育共有学校 1.03 万所，高职（专科）院校 1418 所。中等职业教育招生 559.41 万人，在校生 1551.84 万人，招生和在校生分别占高中阶段教育的 41.37%、39.47%；普通专科招生 368.83 万人，在校生 1133.7 万人，招生和在校生分别占普通本专科的 46.63%、40.05%。在庞大的职业教育规模下，我国还培养了世界上最大规模的职业教师队伍，数以百万计的教师工作在覆盖国民经济各领域、各部门、各行业的专业教育岗位上，目前我国中高职专任教师总数达到 133.2 万人。职业院校提供了数以千万计的专业技术技能人才，支撑了经济转型和产业升级，据不完全统计，2014—2018 年就业于轨道交通、先进制造、现代农业、电子商务、旅游服务、航空服务等新经济、新业态、新模式岗位的中高职毕业生人数约 1750 万人。可以说，职业教育已经具备了大规模培养技术技能人才的能力，为国家经济社会发展提供了不可或缺的人力资源支撑[①]。

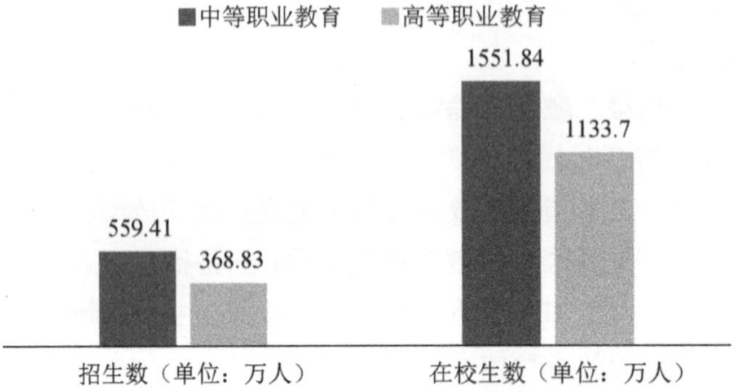

图 1–1　2018 年职业教育招生和在校生情况

党和政府将教育事业摆在优先位置的同时，也明确了职业教育和普通教育处于同等重要的地位。党的十九大报告提出：完善职业教育和培训体系，深化产教融合、校企合作；建设知识型、技能型、创新型劳动者大军，弘扬劳模精神和工匠精神，营造劳动光荣的社会风尚和精益求精的敬业风气。这一论述为职业教育发展指明了方向，规划了前景。2018 年 2 月，教育部等六个部门联合制定了《职业学校校企合作促进办法》进一步强调、深化产教融合、校企合作。同年 7 月，为贯彻落实《国务院关于加快发展现代职业教育的决定》和《职业院校管理水平提升行动计划（2015—2018）》等文件精神，教育部公布了《全国职业院校实习管理 50 强案例遴选结果的公示》，通过《全国职业院校实习管理 50 强遴选指标体系》评选出了职业院校实习管理 50 强。自教育部启动实施《高等职业教育创新发展行动计划（2015—2018 年）》和《职业院校管理水平提升行动计划（2015—2018 年）》以来，截至 2018 年，全国共启动建设优质学校 456 所、骨干专业 3815 个、校企共建生产性实训基地 1933 个、省级协同创新中心 727 个。校企合作共建“双师型”教师培养培训基地 660 个，促进了高职教师和企业人员双向交流合作。与“一带一路”沿线国家开展 351 项国际合作，学历教育学生近 6000 人、培训超 10 万人次。

此外，职业教育不断补齐短板环节，高职生均拨款制度进一步落实，全国平均水平已达到 1.2 万元，职业教育国家标准体系进一步完善，专业目录、专业教学标准等职业教育国家教学标准相继发布。同时职业教育改革成果逐渐制度化，如高职分类考试招生连续 3 年超过招生人数的一半，成为主渠道。“一校一章程”全面覆盖，依法办学、按章办事已成共识[②]。

未来职业教育的发展，将获得更强劲的发展动力。建设教育强国，一方面是要建设学

① 资料来源：教育部职业教育与成人教育司 . 数说新时代职业教育 .

② 我国职业教育发展进入黄金期 . 中国教育报，2018-11-10.

术强国，另外一方面是要建设技能强国。没有技能强国，教育强国就是残缺的、不完整的；没有技能强国，制造业强国也是不可能建成的。建设教育强国要充分认识和践行习近平总书记关于“劳动光荣、技能宝贵、创造伟大”的思想。毫无疑问，我国的职业教育地位更突出了，已经进入了“黄金发展期”。

二、旅游业迎来全新发展时期

我国的旅游业发展至今，已经实现了跨越式的大发展：2018 年，我国旅行社数量较 1987 年增长了近 30 倍，星级饭店数量较 1991 年增长了逾 11 倍，而 A 级景区数量则由 2010 年的 4521 家增长至 2018 年的 11 924 家。2018 年，我国国内收入为 51 278.29 亿元，是 1995 年的 37 倍，入境旅游人数则由 1995 年的 180.92 万人次增长为 2018 年的 14 119.83 万人次，增长约 77 倍[①]。随着旅游业规模的急剧扩张，进一步提高我国旅游服务的质量成为新的发展目标。

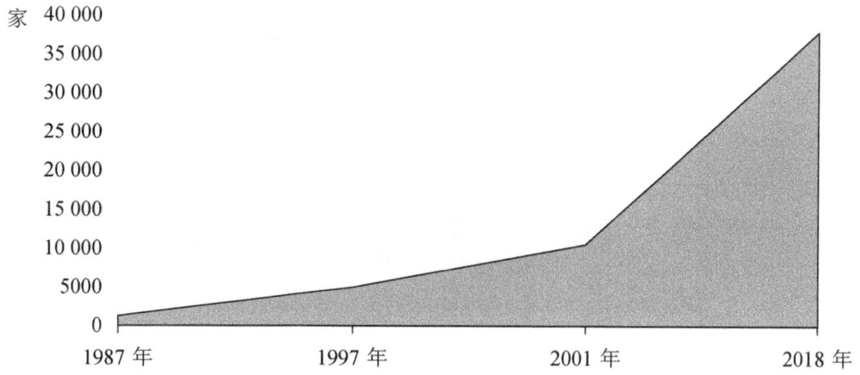

图 1-2　1987—2018 年我国旅行社数量变化图

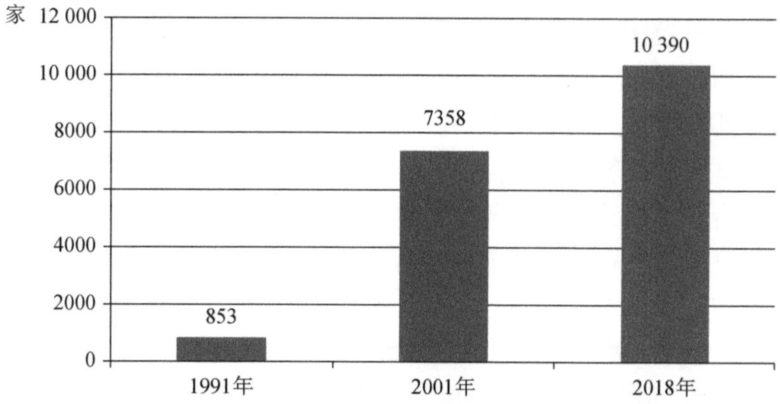

图 1-3　1991—2018 年我国星级饭店数量变化图

① 资料来源：数说 70 年：旅游业跨越式发展 . 中国文化报，2019-09-21.

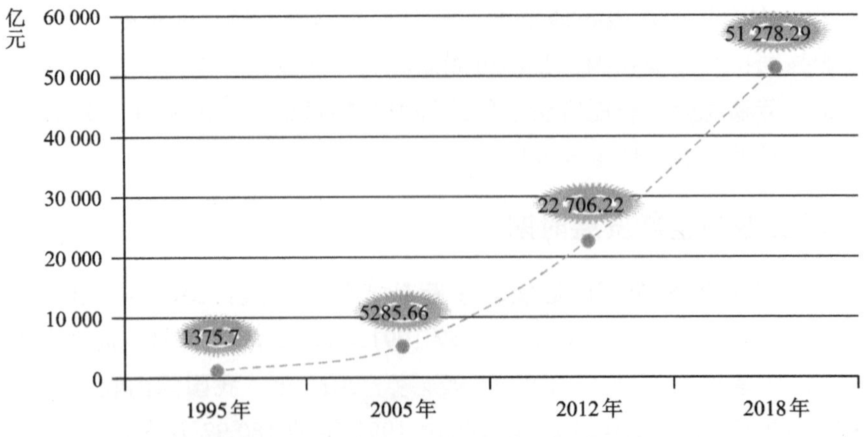

图 1-4　1995—2018 年我国国内旅游收入

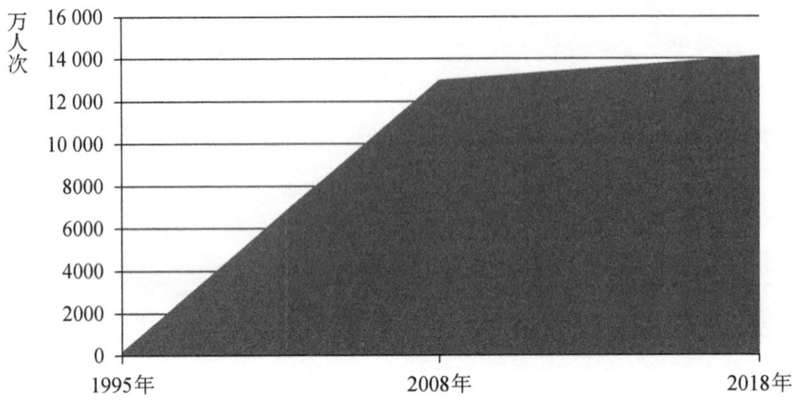

图 1-5　1995—2018 年我国入境旅游人数

当下，我国旅游公共服务体系不断健全，市场管理规范有序，产业发展势头良好。2018 年末，纳入统计范围的全国各类文化和旅游单位 31.82 万个，从业人员 375.07 万人。其中，各级文化和旅游部门所属单位 66 835 个，增加 91 个；从业人员 67.06 万人，增加 0.34 万人。受到机构整合、提质转型、技术服务创新等因素的影响，从业者数量和机构规模数虽然有较大幅度的下降，但总体而言，我国旅游业的服务质量获得了显著提升，文化和旅游部先后出台了《旅游市场黑名单管理办法（试行）》，研究制定《关于实施旅游服务质量提升计划的指导意见》《在线旅游经营服务管理暂行规定》《国家全域旅游示范区验收、认定和管理实施办法（试行）》《国家全域旅游示范区验收标准（试行）》等文件，不断推进全域旅游向纵深发展，加快旅游业转型升级、提质增效。旅行社、游艺娱乐场所等 9 项行政审批事项列入国务院“证照分离”改革事项并向全国推广。同年，文化和旅游部全面启用了全国旅游监管服务平台，智能化监管水平进一步提升。旅游公共服务建设方面也取得了新成果，以旅游厕所为例，截至 2018 年底，全国共建成旅游厕所 2.97 万座，占计划的 123.7%[①]。

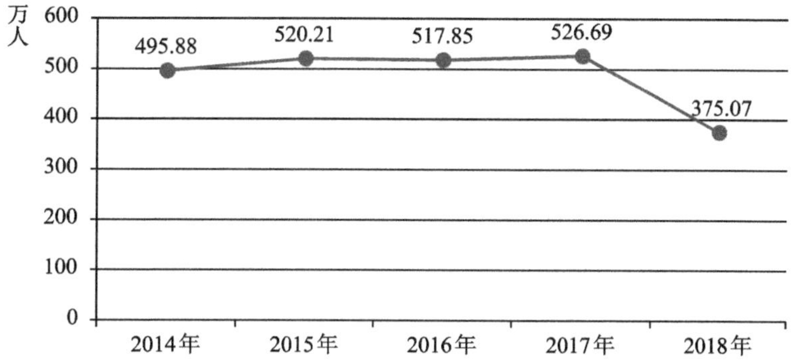

图 1–6 2014—2018 年全国文化和旅游业从业人员数

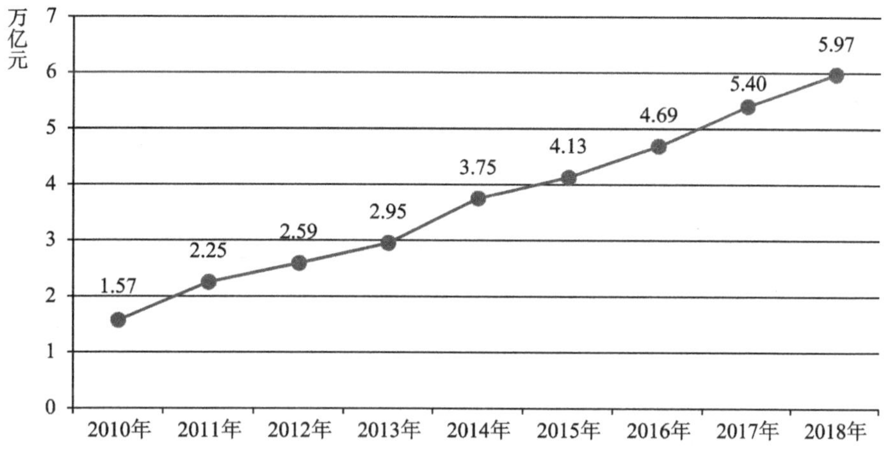

图 1–7 2010—2018 年我国旅游业总收入[②]

2018 年，我国国内旅游市场持续平稳增长，入境旅游市场稳步进入缓慢回升通道，出境旅游市场快速发展。全年国内旅游人数 55.39 亿人次，比上年同期增长 10.8%；入境旅游人数 14 120 万人次，比上年同期增长 1.2%；出境旅游人数 14 972 万人次，比上年同期增长 14.7%；全年实现旅游总收入 5.97 万亿元，同比增长 10.5%。据文化和旅游部数据显示，2018 年末全国共有 A 级景区 11 924 个，其中包括 5A 级 259 个、4A 级 3034 个；红色旅游经典景区 300 个，国家级旅游度假区 26 个，旅游休闲示范城市 10 个，国家生态旅游示范区 110 个，在建自驾车房车营地 900 多个，全国通用航空旅游示范基地 16 个。A 级旅游景区全年接待总人数 60.24 亿人次，比上年末增长 10.5%，实现旅游收入 4707.54 亿元，比上年末增长 7.8%。以上数据充分说明，旅游业发展势头不减，其带动经济增长的功效仍在持续加大。

① 资料来源：文化和旅游部《2018 年文化和旅游发展统计公报》。
② 资料来源：课题组根据文化和旅游部官方数据整理。

2018 年，我国旅游业发展进入了文旅融合的新时代。文化和旅游的融合，不但使诗和远方走在了一起，也标志着我国文化和旅游大融合发展的全新时代的到来。目前，旅游业已逐渐突破了其带动经济增长、扩大内需、创汇等传统经济功能，被赋予了“以文促旅、以旅彰文”的新理念。随着旅游外交、全域旅游、旅游扶贫、厕所革命、城市旅游服务中心建设、文明旅游宣传引导等工作的开展，旅游又与提升国家形象、改善民生、促进公共服务设施建设、提高社会文明程度等紧密地联系在一起。另一方面，随着我国经济和国民收入的增长，旅游逐步成为大众日常生活常态。旅游产品和业态越来越丰富，旅游的跨领域发展能力也越来越强，例如，在康养领域（康养旅游）、体育领域（体育旅游）、环境领域（生态旅游）、教育领域（研学旅游）、农业领域（乡村旅游）等，旅游业都大有可为。以康养旅游为例，2018 年文化和旅游部大力推进休闲度假旅游发展，组织开展了国家级旅游度假区评定工作。同时，持续推进中医药健康旅游发展，联合国家中医药管理局公布了第一批 72 家国家中医药健康旅游示范基地创建单位。

文旅融合是旅游产品创新、文化遗产保护与传承、文化和旅游产业发展的重要手段。通过文化与红色旅游、遗产旅游、乡村旅游、工业旅游相结合，可以极大地提升旅游产品内涵，彰显中国精神、中国价值、中国力量，维系国家和民族生生不息的精神命脉和人民的精神家园。大力挖掘并充分利用中华优秀传统文化资源，与旅游产品进行深度融合，推出一大批文化旅游深度融合的产品，将是未来文化旅游发展规划的重要任务之一。

从市场端来看，游客对于文化类旅游产品也愈加青睐，促进文旅融合发展成为大势所趋。2018 年 4 月 8 日，中国旅游研究院联合驴妈妈旅游网发布了《2018 年清明假日旅游及景区消费报告》。报告显示，清明假日期间，近郊祭祀扫墓、踏青、赏花是居民出游主要动机，以博物馆、文化遗产、文化展演、宗教祈福等为代表的民俗文化游走热。清明假日三天，全国国内旅游接待总人数 1.01 亿人次，同比增长 8.3%；实现旅游收入 421 亿元，同比增长 8.0%。期间全国各大景区迎来春季客流高峰，整体市场同比增长 35%，其中文化类景区门票消费同比增长 58%，文化展演吸引游客人次较去年同期增长 12%，主打文化 IP 的景区逐渐赢得游客喜爱。

从产业规模和数量级别看，我国已经成为旅游大国。但事实上，我国仍缺少具有国际竞争力的旅游产品，包括 5A 级景区在内普遍存在开发水平较低、业态不丰富、过度依赖门票的问题，旅游供给与游客需求存在不小的差距。截至 2018 年 10 月，各地已有 981 个景区实施免费开放或降价措施（免费开放 74 个，降价 907 个），其中 5A 级景区 159 个，4A 级景区 534 个。降价的 907 个景区中，降幅超过 20% 的达 491 个，降幅超过 30% 的 214 个。这一优惠政策对景区的经营带来了更大压力，同时也在促使景区从过于依赖门票收入的格局转型。随着景区经营难度增加，一方面旅游景区竞争日趋激烈，2018 年，中国出境旅游达到 1.5 亿人次，旅游景区竞争实际上已经进入全球化竞争的层面；另一方面，国有景区的门票价格承受越来越大的压力，迫切需要对现有旅游景区进行综合提升，提高景区吸引力和经济效益。因此，进一步打造旅游精品，实现高质量发展已刻不容缓。

目前，我国旅游业进入了以“全域”发展模式代替景区发展模式，从主客割裂转变为主客共享，强化旅游产业在当地经济社会发展中的引领作用，通过与其他产业的融合发展，促进城市风貌改进、产业转型升级、乡村振兴。2018 年，中国人均 GDP 约为 9768 美元，达到世界银行划分的上中等收入经济体水平[①]。我国的消费结构也产生了新的变化，一方面，我国“老龄化”进程加速，养老养生产品需求持续升温；另一方面，全面放开“二孩”政策后，第一批“二孩”家庭将进入消费期，对旅游产品、旅游服务都提出了新的要求。技术层面上，5G 时代带来的将是应用场景的革命，大流量移动宽带场景适用于 3D 高清视频、AR/VR 等，这将是普通消费者经常使用的 5G 应用。5G+AR、5G+VR、5G+AI 将催生一大批全新的智慧景区和智慧服务，这些实时的场景应用加上大数据分析、自媒体应用将为景区营销方式带来深刻变革。旅游业随着信息技术的升级将步入新的发展模式，智慧旅游也将成为旅游业的一个热点。

目前，旅游业的发展日新月异，新业态层出不穷，追求高品质的旅游服务成为游客的共同追求。因此，提升旅游从业人员的综合素质、培养更适合产业需要的旅游职业人也成为当下旅游职业教育必须解决的首要问题。

第三节 微观背景

我国的旅游职业教育真正的成长期始于改革开放以后南京旅游学校和上海旅游高等专科学校的创建，它们是中国第一批培养旅游职业人才的院校。从 1978 年到 1998 年这 20 年里，旅游职业教育发展经历了创建、探索阶段。自 1999 年以来，随着我国高等教育的扩招、中等职业教育就业分配政策的改革以及国家示范性和骨干院校的建立，截至 2010 年，这十年里，旅游职业教育发展经历了扩张和大发展阶段。2010 年至今，国务院、教育部陆续印发了《高等职业教育创新发展行动计划（2015—2018 年）》《关于加快发展现代职业教育的决定》《国家职业教育改革实施方案》等文件，标志着旅游职业教育发展进入最有活力的青壮年成长期，步入转型和创新阶段。

近年来，我国旅游职业教育快速发展，培养了大批技术技能人才和管理服务人才，为提高旅游从业人员素质、推动旅游经济发展和促进旅游就业做出了重要贡献。但同时也要看到，当前旅游职业教育与旅游业发展要求还有一定差距，专业布局和结构不尽合理，校企合作不够深入，国际化水平不高，办学保障有待加强，质量有待提高。加快发展现代旅游职业教育对于提升旅游产业发展质量，提高旅游服务水平，更好地发挥旅游产业在扩内需、稳增长、增就业、减贫困、惠民生中的独特作用，实现将旅游业建设成为国民经济的战略性支柱产业和人民群众更加满意的现代服务业两大战略目标等都具有十分重要的意义。2015 年 10 月，国家教育部和原国家旅游局联合发出了《关于加快发展现代旅游职业

① 资料来源：国家统计局统计数据。

教育的指导意见》(以下简称《意见》)。《意见》提出了包括优化专业结构、丰富办学类型、完善专业课程体系、加强实践性教学、深化校企合作、加强“双师型”教师培养、提升国际化水平、开展创新创业教育和加强行业培训在内的九项主要举措。该《意见》的提出对改善旅游人才观念，优化旅游职业教育育人环境，强化行业企业的支持和参与度，加快建立适应旅游产业发展需求、产教深度融合、中职高职有机衔接、布局结构更加合理、行业培训更加完善的现代旅游职业教育体系，显著提升旅游专业学生和行业从业人员的人文素养、职业道德、职业技能和可持续发展能力等均具有重要的指导意义。《意见》发布后，文化和旅游部通过实施“万名旅游英才计划”、开发优质培训资源和网络课程，组织开展“名导进课堂”工程，中高级导游“云课堂”研修项目、推动实施高水平、示范性中外合作办学、建设国家级旅游职业教育实习实训基地和“技术技能大师工作室”等项目，为我国旅游职业教育的发展插上了快速腾飞的翅膀。

未来，提升旅游品质，提高旅游服务质量将成为我国旅游业发展的重要目标。因此，提升从业人员素养和业务能力将变得至关重要。2017 年，原国家旅游局发布了《“十三五”旅游人才发展规划纲要》，提出加强对旅游职业教育改革发展的统筹指导和综合保障，加快建立适应旅游产业发展需求、产教深度融合、中高职有机衔接、布局结构更加合理的现代旅游职业教育体系，为旅游职业教育的发展指明了方向。旅游职业教育将进一步提升旅游类专业学生和行业从业人员的人文素养、职业道德、职业技能和可持续发展能力，培养适应旅游产业发展需求的高素质技术技能和管理服务人才。

随着“互联网 +”的普及，“旅游 +”“职教 +”“文化 +”等相似提法也逐渐运用到旅游业态的构述当中。在传统旅游的基础上，各地正在调动区域内相关产业、生态环境、公共服务、体制机制、政策法规、文明素质等一系列社会经济资源，充分整合资源，提升旅游服务品质。同时，文旅融合、旅游新业态也促发了旅游教育的转型与创新。可以说，旅游行业面临什么样的业态决定了旅游职业院校输送什么样的学生，而学生的培养方式又决定了旅游职业教育需要怎样的学习和学校氛围。当前行业的新业态将拉动教育创新、产教融合和校企合作，技能是职业教育的生命线，职业精神是职业教育的灵魂，唯有树立正确的价值观，扎根行业企业，旅游职业院校才能培养出市场需要的人才。

随着智慧旅游和智能化时代的到来，旅游职业教育实训也开始慢慢借鉴智能化手段打造智能实训室。智慧职教、信息化教学平台、智慧校园建设等创新手段开始显现出其助力旅游职业院校信息化建设方面的威力。可以说，智慧化让旅游成为一种生活方式，智慧化也赋予了旅游职业教育新的方式。

2018 年，旅游职业教育乘着旅游业提质增量的东风，在各级政府主管部门的正确领导下，在旅游行指委的帮助引导下，从体系构建、内涵提升、专业建设等方面进行了深入、有效的实践探索，取得了引人瞩目的成就。

第二章　发展概况

职业教育是我国国民教育体系中的重要组成部分之一，它承担着培养大量高素质劳动者和专业人员的重任，是我国社会发展和国民经济的重要基础。2018 年，我国旅游职业教育的总体规模保持稳定，育人质量稳步提升，在教育教学、学生发展、合作育人、社会服务等方面取得了显著的进步。为充分了解我国旅游职业教育的发展现状，报告编写课题组在全国范围内开展了抽样调查。本章内容为课题组依据教育部、文化和旅游部、各省市地区教育厅官方数据资料，结合课题组调研资料对我国旅游职业教育的发展概况进行的客观梳理。

第一节　调研概况

2019 年 6 月至 8 月期间，课题组在山东、吉林、辽宁、四川等地进行了实地调研，同时结合线上调查，顺利完成了全国 300 家职业院校的调研工作。

为了更客观地反映我国旅游职业教育的真实情况，本次调研在课题组 2014 年发布的《旅游职业教育人才培养质量指标体系》的基础上，充分考虑职业教育的发展现状及实际情况，对问卷进行了相应的完善和调整，最终确定了涵盖 2 个部分、7 个模块（包括发展概况、教育教学、学生发展、合作育人、社会服务、应用研究等），共计 26 个问题的调查问卷，具体内容见附录。

本次调查采用现场调查和线上调查相结合的方式进行，设立了包括北京、郑州、济南、南京、成都、长春、包头、广州等地，分布全国的多个数据观测点，合计发放问卷 320 份，回收 308 份，有效问卷 247 份，回收率 96.25%，有效率 80.19%。

一、办学层次

本次抽样调查样本包括全国 247 所院校，其中高职院校 131 所，占样本总量的 53.04%，中职院校 116 所，占样本总量的 46.96%。

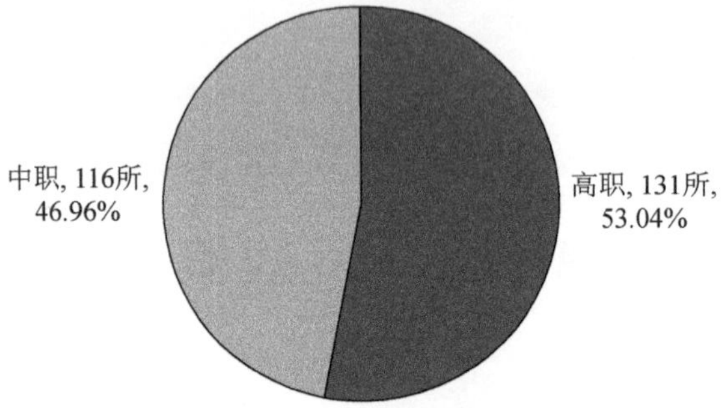

图 2-1　样本院校办学层次比例

二、地区分布

本次调研获取的样本包括安徽、北京、河北、河南、山东、四川等省（市、区），遍布全国 24 个省（市、区）。其中，华中区（湖北、湖南、河南、江西）样本院校 104 所，华北区（天津、北京、河北、山西、内蒙古）样本院校 51 所，华东区（上海、江苏、浙江、山东、安徽）样本院校 47 所，东北区（辽宁、吉林、黑龙江）23 所，西南区（四川、重庆、贵州、云南、西藏）13 所，华南区（广东、广西、海南、福建）7 所，西北区（陕西、甘肃、新疆、青海、宁夏）2 所。

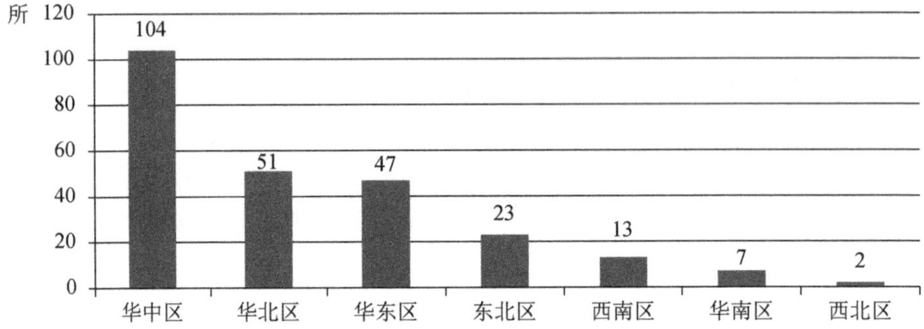

图 2-2　样本院校区域分布图

第二节　办学规模

一、院校规模

在院校规模方面，近年来我国旅游职业教育院校数量一直呈现出总体稳定的特点。其中高职院校基本平稳，中职院校略有减少。2017 年，开设旅游类专业的中职学校数为 947 所，开设旅游类专业的高职院校数为 1086 所[①]。2018 年，教育部及文化和旅游部未发布官

① 资料来源：文化和旅游部 2017 年旅游教育培训统计。

方统计数据。根据教育部2018年度教育事业统计数据显示，当年度中职招生人数比上年度下降2.55%，高职招生人数比上年度增加5.16%。据此比例估算，2018年度开设旅游类专业的中职学校数约为917所，招生数约为9.6万人，高职学校数约为1108所，招生数约为11.8万人。总体而言，旅游高职院校在院校数量和招生人数方面都略多于旅游中职院校，基本属于各占“半壁江山”的局面，这也很好地实现了旅游职业教育阶段性发展的规划目标。

表2-1　2016—2018年开设旅游类专业的中高职院校数对比

年份	中职院校数（单位：所）	高职院校数（单位：所）
2016年	924	1086
2017年	947	1086
2018年	917（估算）	1108（估算）

注：2016、2017年数据来源为文化和旅游部全国旅游教育培训统计数据，2018年数据为根据教育部中高职数测算。

二、招生情况

（一）招生规模

在招生规模方面，近年人数变化不大。经课题组调研，12所高职院校、10所中职院校，2017年及2018年两年招生规模变化不大，高职院校招生数量总体上升，中职院校招生总体持平，符合中高职近两年的总体波动趋势。

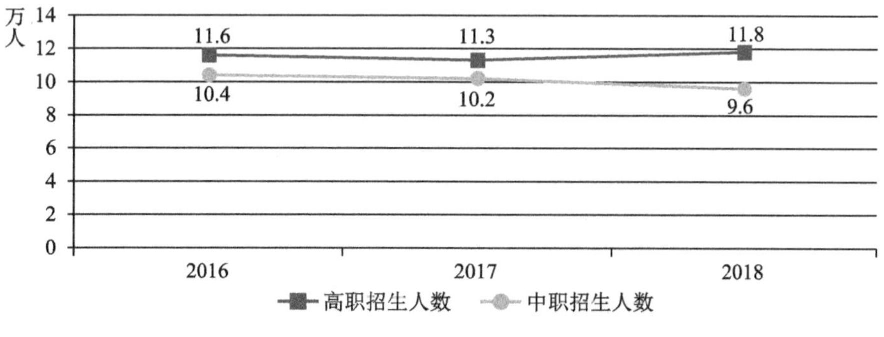

图2-3　2016—2018年旅游类专业中高职招生情况

注：2016、2017年数据来源为文化和旅游部全国旅游教育培训统计数据，2018年数据为根据教育部中高职总体招生人数测算。

高职院校方面，招生数量总体呈上升趋势。对比分析包含黑龙江旅游职业技术学院、三亚航空旅游职业学院、广东酒店管理职业技术学院、太原旅游职业学院、江苏旅游职业学院、青岛酒店管理职业技术学院、河北旅游职业学院、郑州旅游职业学院、山东旅游职业学院、浙江旅游职业学院、南京旅游职业学院和上海旅游高等专科学校等 12 所高职院校 2017 年及 2018 年的新生数据，发现除三亚航空旅游职业学院、广东酒店管理职业技术学院和上海旅游高等专科学校新生数量略有下降外，其余 9 所院校新生数量均有上升。12 所院校 2017 年新生总额为 29 881 人，2018 年新生总额为 34 375 人，2018 年较 2017 年上涨约 15%。

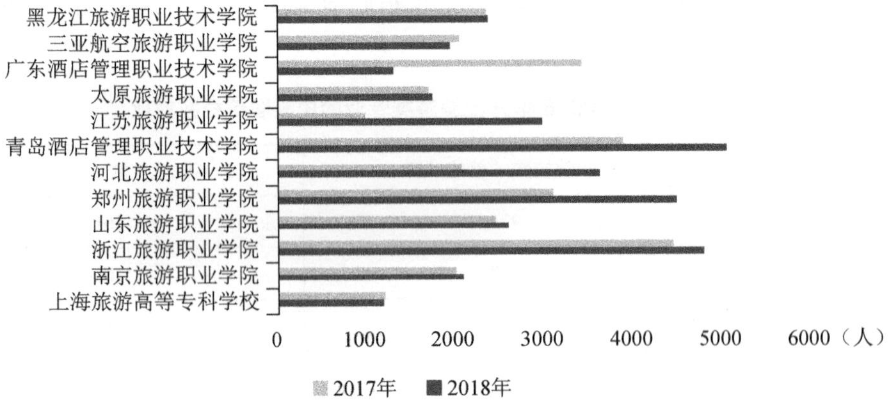

图 2-4　2017—2018 年部分高职院校新生人数对比

中职院校方面，招生数量总体持平，有小幅上升。对比分析包含四川省旅游学校、海口旅游职业学校、青岛市旅游学校、洛阳市旅游学校、厦门工商旅游学校、黄山旅游管理学校、杭州市旅游学校、扬州旅游商贸学校、南通市旅游中等专业学校和安徽旅游学校等 10 所学校 2017 年和 2018 年的招生数据，可以发现：2018 年 10 所学校的招生数全部略高于 2017 年招生数。10 所学校 2017 年招生总数为 9797 人，2018 年招生总数为 10 254 人，总体持平，上升约 4%。

图 2-5　2017—2018 年部分旅游中职学校招生情况

资料来源：课题组根据各学校教育质量报告整理。

（二）生源质量

在生源质量方面，部分院校的生源质量获得提升，校际差异明显。例如，上海旅游高等专科学校2018级新生中，达到本科线及以上的人数占24.7%。三亚中瑞酒店管理职业学院2018年共计在全国28个省（市、自治区）进行招生，其中在12个省份中录取超过当地本科线的考生96人，占全部录取考生的11.2%。武汉职业技术学院录取分数线连续十多年稳居湖北高职榜首。2018年全校招生计划数7267人，报考人数46 006人，报考人数与计划数之比达6.33∶1，其中80%多的学生分数超过本科录取线。

相反，仍有一些职业院校的生源质量不尽如人意。例如，有的院校新生报到率不足70%，高考招生录取分数线不足200分。据北京、上海、广东等省市教育部门的《中等职业教育年度质量报告》显示，近年来，中职学校的生源质量总体呈下降趋势，有待提升。

2018年，我国的旅游职业教育仍表现出总量稳定、质量提升的特征。在我国的教育体系中，中等职业教育是普及高中阶段教育和建设中国特色职业教育体系的重要基础。保持高中阶段教育职普比大体相当，使绝大多数城乡新增劳动力接受高中阶段教育十分必要。而高等职业教育则肩负着优化高等教育结构和培养大国工匠、能工巧匠的重要使命。未来，我国旅游职业教育应积极应对产业变革，促进人才供给侧改革，为文化旅游产业培育更高质量的人才。

第三节　办学条件

2018年，我国职业教育投入持续加大，一些省份出台了利好政策坚持新增教育经费向职业教育倾斜。例如，山东省着眼建立与办学规模和培养要求相适应的财政投入制度，建立稳定长效投入机制，进一步加大职业教育投入，继续加强对职业教育办学条件改善和内涵建设的支持力度，探索实施“基本保障＋发展专项＋绩效奖励”的财政拨款方式、全面落实职业院校生均拨款标准，并将各地生均拨款标准落实情况与省级奖补资金、项目安排、招生计划下达相挂钩，落实教育费附加不低于30%和地方教育附加不低于30%用于职业教育政策。随着职业教育投入的持续增加，无论是中职院校还是高职院校，都在硬件设施方面获得了进一步改善。同时，随着新技术、新手段融入教育，旅游职业院校的智慧校园建设也取得了长足的进步。在内涵建设方面，校园文化建设也越来越得到院校的重视，成为各职业院校发展的持续内在驱动力。

一、硬件设施

长久以来，职业教育发展一直受到投入不足的制约，难以在硬件设施方面获得提升。根据课题组的调查情况显示，近年来，这一情况正在逐年好转。

中职校方面，各校积极加强实训室建设，提升学校硬件设施条件。例如，杭州市旅游学校目前共建有校内实训室 47 个，仪器设备值达 2795.53 万元，2018 年度增长比例达 8.07%。青岛市旅游学校 2018 年购买了大赛管理平台、商务实训平台、智慧校园平台等一批软硬件设备，为学校提高管理水平、提升人才培养质量打下了良好的基础。

高职校方面，各校继续加强硬件设施建设，在新增教学仪器设备、建设专业实践教学场所、完善基础设施等方面投入较大。

（1）基础设施及教学仪器投入。郑州旅游职业学院 2108 年基础设施建设支出 8231.98 万元，占年度总支出的 34.45%；厦门工商旅游职业学院 2018 年度教学仪器设备总值新增 628 万元，教学仪器设备总值达 7600 万元；山东旅游职业学院教学科研仪器设备值 6369.53 万元，2018 年新增 22.26%；重庆旅游职业学院 2018 年投入 1158 万元用于改善办学条件，包括改造教室和学生公寓、改造学生食堂、升级实训室等。

（2）实训室建设投入。舟山群岛新区旅游与健康职业学院 2018 年投入 120 万元建设了旅游分院前厅实训室、航空模拟舱实训室、化妆实训室，推进咖啡厅实训室建设，以教学与经营相结合的旅游实训基地（维也纳酒店）已经建成并开业。浙江旅游职业学院投入 4000 余万元建设占地 5600 平方米、总建筑面积 8831.06 平方米的集教学、技能训练和考核等功能为一体的实验实训教学基地——酒店烹饪实训楼。太原旅游职业学院现建有 49 个校内实训基地，2018 年该学院根据教学和管理的需要，出口带宽由 200 兆提升为 400 兆。建有国家级实训示范基地 2 个，省级实训基地 8 个；国家级中央财政支持专业建设项目 3 个；经营性专业实体 3 处。同时，借新建实训大楼之机，创建“校政行企”共建、共管、共享高水平仿真实训场所和运营式校内实训基地的合作模式，依据专业布局，专业现状和未来发展的需要，围绕人才培养目标，建设具备基础实训、专项技能实训、模拟仿真实训、专业综合实训、顶岗实习、技术研发创新等功能的实训场所建设，酒店管理专业重点建设教学与实训一体化的智能教室；轨道交通专业重点建设车站控制室、站台模拟控制系统等实训室；人物造型专业重点建设美甲工作室、化妆造型室、色彩与风格工作室等实训室；另外，新建茶艺实训室、茶叶审评实训室、礼仪形体实训室等，这些都为专业建设和专业发展提供了强有力的基础支撑。

硬件设施建设水平是各院校办学能力的重要体现。伴随着我国职业教育地位的提升和办学规模的扩张，各院校用于提升硬件设施的资金逐年加大，为提高人才培养质量提供了重要保障。同时，企业在院校办学中的作用日益突出，企业投资兴建的实训设施、主题教室、专业机房等数量增多，也为旅游职业院校的发展提供了助力。

二、校园文化

蔡元培先生曾在《教育独立议》中指出：“教育是帮助被教育的人。给他能发展自己的能力，完成他的人格，于人类文化上尽一分子的责任；不是把被教育的人，造成一种特别的器具，给抱有他种目的的人去应用的。”蔡元培这一关于教育发展人的能力、完成人格的两大教育功能可谓远见卓识，契合了当下院校校园文化“以人为本”的思想。

校园文化是时代精神在学校的反映，是学校教育思想、办学理念、管理制度的历史沉淀，也是学校育人的“软实力”体现。近年来，各旅游职业院校愈加重视校园文化的建设，着力促进学校内涵式发展，以校园文化对学生的思想观点、价值取向和行为方式产生潜移默化的影响，从而达到育人的重要功能，满足学生的身心发展需要。

2018 年，郑州旅游职业学院组织全体教职工开展学习“社会主义核心价值观”主题教育、学雷锋系列活动、“我的中国梦”主题实践教育、“一二·九活动月”等主题教育活动，切实提高青年学生思想政治素质。坚持主题教育与主题团日、主题班会、形势政策课有机结合，促进青年学生树立正确的世界观和人生观。扶持和培育学生社团发展，开展形式多样的社团活动、竞赛活动，营造了积极向上、高雅和谐的校园文化氛围，2018 年共获省级校园文化建设成果 11 项。

江西旅游商贸职业学院将文化育人贯穿于人才培养全过程，通过分层分类实施、特色文化活动和强化职业精神养成教育，创新文化载体，夯实文化基础，切实以先进的思想文化引领人、以优秀的工匠文化塑造人、以丰富的校园文化陶冶人。分层分类实施方面，一年级重点关注新生心理素质状况，对学生进行专业情感教育、专业心理辅导和专业实践锻炼；二年级重点构建创新创业能力平台，强化专业训练和见习实习活动；三年级重点加强社会责任教育和创新创业教育。开展特色文化活动方面，通过校园官网、校园广播和官方微信、官方微博等新媒体形成网络育人传播矩阵，广泛开展“诵读红色家书”“我与改革开放共成长”“雷锋月好人好事评比”等系列主题活动，打造“旅商星主播”“丁香花开”文化艺术节等系列校园文化品牌，丰富校园文化生活，弘扬校园正能量。强化职业精神养成教育方面，深入挖掘劳动模范、能工巧匠和优秀校友的典型事迹，将职业精神的培育与专业课程教学、职业技能竞赛、专业社团活动紧密结合，使职业精神逐渐内化为学生的自主意识和自觉行动。

太原旅游职业学院推进融心理健康教育、青春健康同伴教育、体验式教育三维一体式的“三自”教育模式，提升大学生自我管理、自我服务、自我成长能力。针对女生占高职院校学生“大半壁江山”且该院女生占比高达 70% 的特点，学院坚持开展女性特色教育十余年，构建了动态调整的“一核多元”的女性特色教育品牌，即在立德树人根本任务下，以女性德技素养的双修与养成为核心，将选修的魅力女生课堂、社会化女性讲座及必修的情境化同伴活动和全程化生涯规划交叉立体进行，形成“魅力女生课堂化、青春教育同伴化、女性教育社会化、生涯规划全程化”等多元化的教学形式。

厦门工商旅游学校倡导“礼仪滋养，人文渗透”学校文化建设理念，大力开展礼仪教育，注重礼仪已成为校园一种风尚。学校创编的礼仪操从新生入学第一天起就融入了他们的整个校园生活，通过早训、课间操、礼仪操比赛等形式对全体学生加以训练，大大培养和增强了学生的礼仪意识，强化了礼仪规范；设立每天入校的礼仪示范督导岗，对学生入校仪容仪表要求进行示范和检查，使校园礼仪氛围不断浓厚。每年举办校园“礼仪之星”评选活动，普及礼仪知识，传播礼仪文化，实现礼仪育人。2018 年，该校建成独具特色的礼仪文化长廊，使礼仪氛围凸显，礼仪教育更加具有可视性。各专业部根据自身特点布置专业部德育文化，如旅游部的以“专业、热情、微笑、服务”为宗旨的特色服务礼仪教育，财会专业部在“诚信责任、知书达礼、精益求精”部训的指导下重点开展诚信教育。

三、智慧校园

目前，我国已启动教育信息化 2.0 行动计划，开始实施宽带卫星联校试点行动、大教育资源共享计划、百千万信息化示范工程，推进智慧教育创新，推广网络学习应用。同时，国家倡导网络校际协作，启动基于信息技术的新型教学模式试点，促进专业教学资源库建设与应用。在旅游职业领域，一些院校也逐步加大了投入，在智慧校园建设方面取得了显著的成效。

广东旅游职业技术学校是广东省旅游局直属的国家级重点职业学校、国家中等职业教育改革发展示范学校。面对招生迎新管理中出现的流程繁复、时间紧、任务重、数据多等现状，该校紧跟现代化脚步，通过依能智慧校园平台 YNedut 招生迎新应用，以信息化高效管理从招生到报到的全过程，实现招生计划、新生报名、报名录取预警、新生录取、招生信息统计等各环节数据共享，保障学校招生迎新工作高效协同，值得同类院校借鉴推广。

江苏省扬州旅游商贸学校 2018 年获得江苏省“智慧校园”称号，通过中央电教馆组织的“国家职业院校数字化校园”终期验收并获牌。该校不断升级智慧校园软硬件设备，强化信息化的更新与应用，所有教室均实现智慧型中控讲台、触控智控大屏电视及黑板、虚拟云终端桌面，大大提升了学校信息化水平。

浙江旅游职业学院作为浙江省唯一一所获得“教育部第一批信息化试点”优秀的高职院校、首批浙江省数字校园建设示范校建设单位，依托“智慧校园”优质的信息化建设条件，利用现代智能技术，建成一批“智慧教室”，开展本部与千岛湖校区两个校区间的远程教学，改变传统课堂教学结构，实现教学多维交互，营造智慧学习环境。将虚拟现实技术（VR）和增强现实技术（AR）引入酒店管理、导游、旅游日语、景区开发与管理等专业课程教学中，增强学生亲临真实环境的感受和体验。

上海旅游高等专科学校将信息化有效地运用在了学生实训保障方面。目前，学校已建成并投入使用了 Opera 大型实训机房三个、旅游与酒店电子商务实训室、酒店经营管理沙盘实训室、智慧控制实训室等。2018 年 9 月，拥有 60 间客房的“海思酒店”实训基地投入运营，酒店建设了多维度的智慧控制实训实操智能系统，提供了全方位的实训保障。

未来，相信将有越来越多的旅游职业院校重视智慧校园的建设，将信息化手段应用于职业教育教学、管理的各个方面。

第四节 师资培养

一、师资数量

目前，我国旅游职业教育专业教师仍处于总量不足的阶段。据课题组抽样调查数据显示，247 所中高职院校共拥有旅游类专兼职教师 5271 人，校均拥有专业教师数约为 21 人。生师比方面，参与调查的样本院校平均生师比为 20.5∶1，高于教育部公布的专科院校生师比 17.74∶1 和中职学校的 19.59∶1，这也从一个侧面暴露了旅游专业师资不足的现状。以高职景区专业为例，浙江旅游职业学院、南宁职业技术学院、苏州旅游与财经高等职业技术学校等院校专业师资队伍较强，浙江旅游职业学院景区开发与管理专业教学团队于 2010 年被列为国家级专业教学团队。但有部分高职院校景区开发与管理专业教学团队存在师资总量偏少（如山东某高职院校仅有 1 名专职教师）、高职称教师比例偏低（如广西某高职院校无高级职称教师）、兼职教师数量偏少且不稳定等问题。

调查数据显示，127 所中职校共拥有旅游类专兼职教师 1650 人，校均 13 人。120 所高职校共拥有旅游类专兼职教师 3621 人，校均 30 人。

表 2-2 部分中职学校师资情况统计表

序号	学校名称	旅游类专业校内专兼任教师数（单位：人）	省级以上教学名师（单位：人）	校内双师型教师比（%）
1	西安商贸旅游技师学院	15	4	100
2	湖北省旅游学校	25	0	100
3	烟台旅游学校	122	3	80
4	无锡旅游商贸高等职业技术学校	20	1	100
5	南通市旅游中等专业学校	8	0	100
6	青岛市旅游学校	35	4	100
7	北京市古城旅游职业学校	11	0	100
8	石家庄市旅游学校	70	2	100
9	重庆市旅游学校	38	2	100
10	中山市旅游学校	14	1	47.1
11	洛阳旅游学校	23	2	100
12	江苏省扬州旅游商贸学校	20	2	100

资料来源：课题组根据抽样调查数据整理。

二、师资结构

根据课题组抽样调查数据显示，247 所中高职院校共拥有省级以上教学名师 216 人，约占总量的 4.1%。职称结构方面，247 所院校共有高级职称 1529 人，约占 27%；中级职称 2868 人，约占 50%；初级及以下职称 1366 人，约占 23%，总体职称结构配备合理。

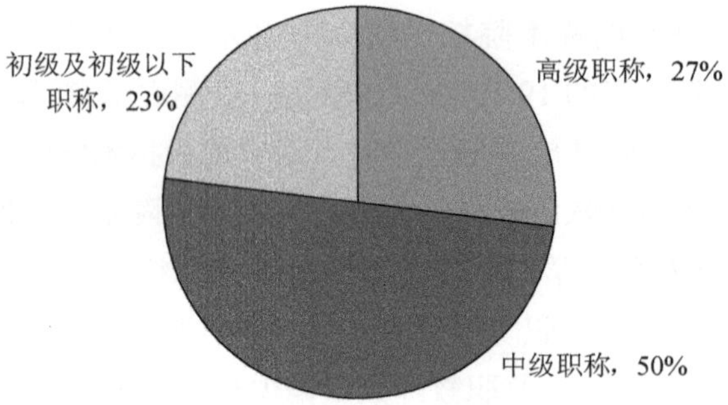

图 2-6　职业院校旅游类教师职称构成比

兼职教师方面，样本院校旅游类专业兼职教师中，校外企业中高级管理人员合计 1119 人，校均 4.6 人。247 所院校中，没有聘用企业中高层管理人员担任兼职教师的有 63 所，13 所院校的企业兼职教师人数超过了 20 人，最多的达到了 68 人。这一数据显示，我国旅游职业院校的师资结构日趋合理，校企合作日益深入，院校聘用企业兼职教师的人数在增多。调研数据还显示，仍有 63 所（约 25.5%）的院校聘用企业管理人员的数量为零，说明院校间差距较大。

根据抽样调查数据显示，2018 年职业院校旅游类专业教师双师型比例平均为 70.29%，其中 56 所院校的双师型教师比例达到了 100%，24 所院校的双师型教师比例不足 30%。从双师型教师比例平均值来看，我国职业院校旅游类专业教师双师素质良好，但差距明显。

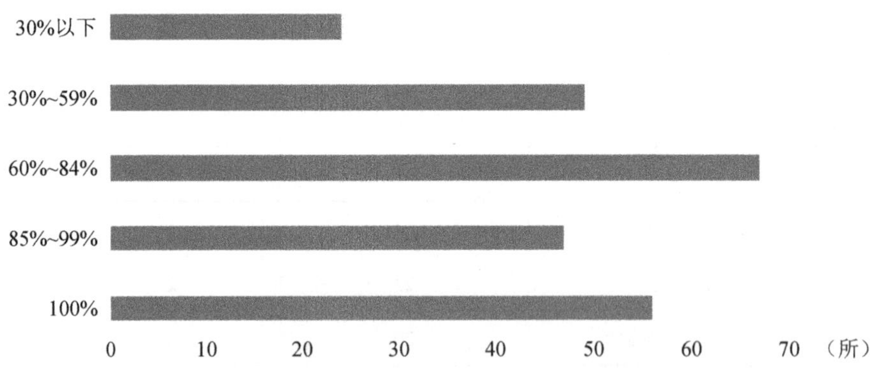

图 2-7　职业院校旅游类专业教师双师型比

根据课题组调研数据显示，年龄结构方面，35 岁以下青年老师占比超过 40%，36~45 岁教师占比超过 30%，45 岁以上教师占比约为 20%，老中青总体比例得当。学历结构方面，中高职差距较大，旅游高职院校拥有硕士或以上学位的专任教师占总数比例达到 70% 以上，新进高职院校教师最低学历基本以硕士为主，部分学科引入博士也成了一种趋势，而中职院校因为入职门槛相对较低，拥有硕士及以上的学历的教师比例还有待提高。

总体来看，旅游职业院校的师资队伍是一支年轻的、充满活力的教师队伍，年龄结构、专业技术职务结构分布相对合理。

三、师资培养

教育是国之大计、党之大计。教师是兴教之源、立教之本。全国现有各级各类专任教师 1673 万人，这个庞大的群体支撑起世界上规模最大的教育，被称赞为“一支了不起的力量”。培养好教师，是发展旅游职业教育的重要途径。目前，我国已逐步构建了教师专业化培养体系，根据职教教师能力形成规律，建立大学培养与在职教师教育齐头并进的双轨制职业教育教师专业化培养体系，使职业院校有稳定的途径获得高质量教师，使每位希望进入职业教育体系的未来教师清楚地知道每个阶段应完成的学习任务和要达到的要求。

“十三五”以来，随着各级教育主管部门的重视与投入，在职的旅游类专业教师队获得了更多教育培训机会。例如，文化和旅游部开展的“万名旅游英才计划”。“万名旅游英才计划”项目主要以提高教育教学能力为重点，面向旅游相关专业优秀骨干，重点培养 10 000 名“双师型”教师，支持他们开展校企合作、工学结合、实践教学、实习指导等。随着一系列有利于教师成长的政策实施，旅游类专业师资结构得到了逐步改善。

2018年，各旅游职业院校持续加大师资培养力度，重点从经费投入、项目培训、企业挂职、师资引进等方面提升师资团队专业能力。重庆旅游职业学院为服务专业建设和人才培养，投入 40 万元，启动建设导游、烹饪、工艺品、西兰卡普 4 个“技能大师工作室”。浙江舟山群岛新区旅游与健康职业学院 2018 年共派出 131 人次参加各类进修培养，比 2017 年增加 47.2%。陕西旅游烹饪职业学院建立出国培训教师选拔和考核制度，组织赴新西兰、奥地利等国 2 批 8 人次的专项培训，拓展教师队伍的“国际视野”聘请国外专家 1 人，开展项目课程教学 42 学时。青岛酒店管理职业技术学院组织实施教师素质提高计划，2018 年度安排 17 名教师赴企业一线挂职锻炼，学院双师素质教师比例达到 90.72%。武汉职业技术学院为增强学院创新创业类课程师资力量，通过内培外引增加专职创新创业导师 7 人，增加创新创业教育兼职教师 23 人（11 人有“创新创业导师”资格证书）；以提升教师创新创业教育课程开发、教学能力为重点，组织校内外师资培训活动 19 批、144 人次；组织了第二届创新创业教育教学改革成果评选活动，在 28 项参评成果中，评选出一等奖 3 项、二等奖 6 项。

通过课题组调查数据显示，247 所中高职院校旅游类专业教师年度人均培训进修天数约为 17.1 天，年度人均企业挂职锻炼天数约为 22.1 天。在 127 所中职学校中，13 所学校未进行旅游专业教师培训进修，中职教师人均培训进修天数约为 17.36 天；22 所学校未进行旅游专业教师企业挂职，中职教师人均企业挂职天数约为 16.97 天。在 120 所高职学校中，有 2 所未进行旅游专业教师培训进修，高职教师人均培训进修天数约为 16.85 天；32 所学校未进行旅游专业教师企业挂职，高职教师人均企业挂职天数约为 27.58 天。以上数据显示，在企业挂职方面，高职校教师相比中职校教师存在明显优势，二者培训进修情况差别不大。共有 15 所院校全年未进行教师培训，54 所院校全年未进行教师企业挂职，暴露出了一些院校对教师企业挂职和培训的重视程度不够、资金投入不足的现状。

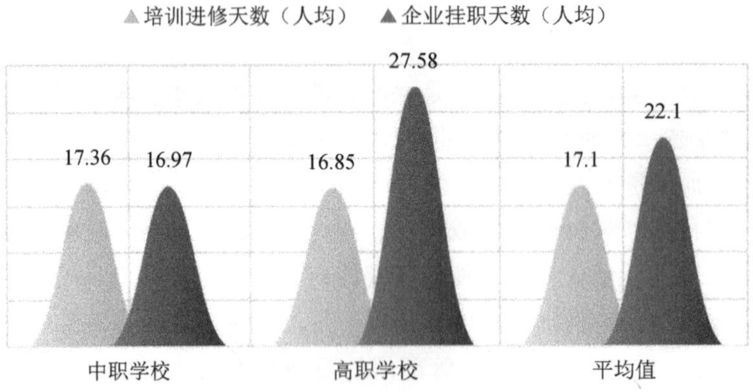

图 2–8　中高职院校教师培训进修及企业挂职情况对比

表 2–3　样本院校旅游类专业教师年度人均培训进修天数排名（前十位）

排名	学校名称
1	福州旅游职业中专学校
2	长垣烹饪职业技术学院
3	商丘职业技术学院
4	南京旅游职业学院
5	济源职业技术学校
6	河南交通职业技术学院
7	漯河市舞阳中等专业学校
8	迁安职业教育技术中心
9	漯河食品工业中等专业学校
10	宁波建设工程学校

表 2-4　样本院校旅游类专业教师年度人均企业挂职锻炼天数排名（前十位）

排名	学校名称
1	长垣烹饪职业技术学院
2	商丘职业技术学院
3	商丘商贸学校
4	河南交通职业技术学院
5	漯河食品工业中等专业学校
6	太原旅游职业学院
7	宁波建设工程学校
8	沈阳市外事服务学校
9	唐山工业职业技术学院
10	郑州电子信息职业技术学院

第五节　改革创新

一、体制创新

在职业院校改革发展的进程中，积极探索体制创新，提升院校治理能力势在必行。近年来，我国旅游职业院校在探索混合所有制办学、开展创新行动计划、建设优质校、加强内部治理改革等方面取得了长足的进步。

（一）探索混合所有制办学

混合所有制办学是职业院校深化校企合作过程中的必然产物。探索混合所有制办学，建立基于产权制度和利益共享机制的校企合作治理结构与运行机制，将为企业参与职业院校人才培养和技术研发提供稳定的制度保障。2018 年教育部工作要点中提出支持和规范社会力量兴办教育，召开全国民办教育工作会议，加快修订《民办教育促进法实施条例》，加大对各地配套政策督察力度等内容，进一步为鼓励社会力量兴办教育，推进混合所有制办学提供便利条件。

2018 年，太原旅游职业学院落实《国务院办公厅关于深化产教融合若干意见》（国办发〔2017〕95 号）精神，与已合作十年的北京广慧金通教育科技有限公司尝试共建混合所有制旅游交通学院，双方在校企“共同招生、共同制订人才培养方案、共同开发课程与教材、共同建设实习实训基地、共同组织实施教学、共同解决就业、共同开发培训项目”等方面实行协同育人，努力打造特色优质学院，进一步探索双主体办学新模式。

（二）落实创新发展行动计划

教育部《高等职业教育创新发展行动计划（2015—2018 年）》是高职院校创新发展的行动指南，为高职院校教育教学改革发展指明了时间表和路线图。2018 年，上海旅游高等专科学校完成了《高等职业教育创新发展行动计划（2015—2018 年）》中承担的所有项目或任务，为学校进一步深化教育教学改革，稳步提升人才培养质量奠定了坚实的基础。

调查显示，通过创新发展行动计划的落实，职业院校管理制度标准不断健全，教育教学质量监控体系基本建立。90% 以上的学校制定了体现职业院校办学特点的章程和内部管理制度，近 80% 的学生对学校相关部门办事的态度和效率表示满意或比较满意，近 90% 师生认为职业院校校园文化氛围很好或较好，85.6% 的学校建立了专门的教学质量监控与评价机构，92.7% 的企业表示，合作学校的毕业生符合企业的岗位要求。

“优质校建设”是《高等职业教育创新发展行动计划（2015—2018 年）》的重要内容，是继国家示范（骨干）性高职院校建设计划之后，被学校和地方教育部门高度重视的发展战略。截止到 2018 年 4 月 9 日，全国已有 19 个省份公布优质校立项建设名单，建设院校达 328 所。湖南省在 2015 年率先启动“卓越高职院校建设计划”，到 2020 年，规划立项建设 20 所左右卓越高职院校。广东省 2016 年启动“一流高职院校建设”，已有 18 所高职院校入选。2017 年 2 月，山东省教育厅公布“优质高职院校建设工程”，到 2020 年建设 26 所以上具有国际、国内先进水平的优质高职院校。在创建优质校的过程中，浙江旅游职业学院、长沙商贸旅游职业学院、郑州旅游职业学院、青岛酒店管理职业技术学院、山东旅游职业学院等一批旅游职业学院位列其中，旅游职业院校的综合实力获得了显著提升。

（三）强化内部治理

加强内部治理，提升办学治校能力对促进院校发展，提高人才培育水平具有重要意义。目前，越来越多的院校将提升内部治理能力摆在了重要位置。

2018 年是重庆旅游职业学院“内部治理改革年”，学院着力提高办学治校能力，健全规章制度，推动内部治理改革 20 项制度，做到学院治理有章可循，提高了管理的规范性和科学性，推动依法治校取得阶段性进展。该学院着力推进院系两级管理，突出系部办学主体地位。通过下移管理重心和逐步下放权力，实现院系两级管理“责权利”的统一，逐步形成学院宏观决策、部门协调配合、系部实体运行的管理模式，提升系部自主决策和治理能力，提高整体办学水平和效益，增强学院的办学活力。

上海旅游高等专科学校借鉴目标管理和全面质量管理理念，以规划、目标为统领，以“五纵五横一平台”为框架，制定纵横联结的发展推进网络，完成《2018 年上海旅游高等专科学校内部质量保障体系运行实施方案》的制定工作。横向联结即指学校“十三五”总体规划和专项规划、二级学院发展规划（含专业、课程）、教师个人发展规划、学生发展规划各层面在学校发展目标下一体贯通，全面统驭质量管理。纵向联结即指在规划体系下，通过“五年规划（含分规划）、规划分年度实施计划、党政工作要点任务、部门工作计划、教研室工作计划、教师工作计划、学生个人计划”层层联结推动目标贯彻、落实。在诊改运行基础上，坚持“八字螺旋”的质量诊改理念，改革现有绩效考核体系，建立多层级、多内容、多主体的考核性诊断机制，对各层面工作进行事前计划诊断、事中进度诊断以及事后结果诊断，辅助各层面自我诊断运行，实现对质量的全过程诊断、管控，全面推动考核性诊断工作，与激励措施相结合，提升质量保证的内生动力①。

二、职教体系建设

目前，我国职业教育已逐渐步入高质量发展轨道。从国家层面而言，构建纵向贯通、横向融通的中国特色现代职业教育制度体系已成为重要任务。纵向贯通，是指建立中等职业学校教育、高等职业学校教育纵向贯通的职业学校体系，进一步夯实中等职业学校基础地位、创新发展专科层次的职业高等学校、开展本科层次职业高等学校试点。横向融通，是指建立健全普职融通、产教融通、校企融通、学历教育与培训融通、师资融通、职业技能培养与职业精神养成融通等横向融通的制度体系。

我国现代职业教育体系建设正按照“三步走”战略深入推进：2011—2012 年重点推进中高职统筹与衔接，2015 年初步形成体系框架，2020 年建成较为完善的现代职业教育体系。各省市也出台了利于现代职教体系建设的政策，例如，2018 年山东省制定并发布了《山东省教育厅等 11 部门关于办好新时代职业教育的十条意见》，其中第二条为搭建人才成长“立交桥”，提出“扎实推进中职与高职、中职与本科、高职与本科、本科与专业学位研究生衔接，畅通中职学校毕业生进入高职院校、职业院校毕业生进入本科高校渠道”。第四条提出“采取有力措施调动本科高校参与贯通培养的积极性和主动性”，均与建设现代职教体系相关。目前，我国职业教育的中高职衔接已日渐成熟，中职教育的基础地位得到巩固，高职教育的地位愈加突出。

2008 年，经云南省政府批准，云南师范大学职业技术教育学院、昆明理工大学高等职业本科开始面向全国招生，这是我国大陆首家招收高等职业本科生的高等院校。高等职业教育作为高等教育发展中的一个类型，完整体系包括高职专科和高职本科，肩负着培养面向生产、建设、服务和管理第一线需要的高素质的应用技术型和职业技能型高等专业人才的使命，在我国加快推进社会主义现代化建设进程中具有不可替代的地位。众多旅游高职院校也在积极探索中高职贯通和职业本科教育。

上海旅游高等专科学校落实中高贯通专业人才培养工作，与上海市工商外国语学校联合申请，将旅游日语专业纳入 2018 年上海市中高职教育贯通培养模式试点工作。

山东旅游职业学院自 2014 年开始，与济南大学签订“3+2”高职本科对口贯通分段培养试点项目协议。饭店管理系与济南大学酒店管理学院合作，率先进行“3+2”对口贯通分段培养本科试点，2017 年饭店管理系首批“酒店管理专本贯通培养专业”毕业，并顺

① 《上海旅游高等专科学校高等职业教育质量年度报告（2019）》。

利升入济南大学。2015 级酒店管理专业三二连读贯通班共 65 人，升本率 96.7%。2016 级酒店管理专业三二连读贯通班在校生 73 人，2017 级 71 人，2018 级 70 人。

山西旅游职业学院继续实施与韩国合作大学间开展的“2+1+2”专本连读项目，2018 年 8 月，学院应用韩语专业 2016 级出国班的 5 名同学启程赴韩国南首尔大学留学，他们将以交换生的身份在南首尔大学学习一年，在取得山西旅游职业学院毕业证后可以直接插班到合作大学的本科三年级，享受对方学校奖学金等政策。这是该学院应用韩语专业第 11 批赴韩留学项目，此前的十次赴韩留学项目中，共有 41 名韩语专业学生以交换生的身份赴韩留学，其中有 10 人获得硕士学位，23 人获得学士学位，8 人语言研修。

中职校方面，一些省份开展了初中后五年制高等职业教育的探索。例如，《山东省教育厅等 11 部门关于办好新时代职业教育的十条意见》就提出，遴选一批职业院校专门举办初中后五年制高等职业教育。众多中职院校也在实践中逐步完善了中职教育与高职、与本科的衔接。例如，青岛市旅游学校、沈阳市旅游学校、广东省旅游职业技术学校等旅游中职院校均已开展了旅游类专业 3+4 本科，“3+2”分段培养和五年制贯通培养，取得了阶段性成效，实现了中高职及中职 + 本科的有效衔接。“3+2”是由中等职业学校与高等职业院校分段实施、联合培养，且后两年必须在高等职业学校实施。举办“3+2”的中等职业学校一般是省级示范以上或条件较好、质量较高、特色鲜明的中等职业学校。2018 年 6 月，湖北省教育厅公布了 2018 年五年制高等职业教育招生学校和专业目录，在《2018 年“3+2”分段制高等职业教育招生学校及专业目录》中，共有 23 个旅游类中职学校的专业位列其中，普及度较高。

表 2–5　2018 年湖北省“3+2”分段制高等职业教育招生学校及专业目录（旅游类）

序号	招生中职学校	招生专业	合作高职学校	合作高职专业
1	武汉市财政学校	高星级饭店运营与管理	武汉船舶职业技术学院	酒店管理
2	恩施市中等职业技术学校	旅游服务与管理	恩施职业技术学院	旅游管理
3	武汉市财贸学校	高星级饭店运营与管理	武汉城市职业学院	酒店管理
4	武汉市旅游学校	旅游服务与管理	武汉职业技术学院	旅游管理
5	武汉市旅游学校	高星级饭店运营与管理	武汉交通职业学院	酒店管理
6	黄石艺术学校（艺术高中）	旅游服务与管理	湖北工程职业学院	酒店管理
7	十堰市科技学校	旅游服务与管理	湖北工业职业技术学院	旅游管理
8	竹溪县职业技术学校	高星级饭店运营与管理	湖北工业职业技术学院	旅游管理
9	湖北省孝感生物工程学校	旅游服务与管理	湖北职业技术学院	旅游管理
10	宜都市职业教育中心	旅游服务与管理	三峡旅游职业技术学院	酒店管理
11	远安县职业教育中心学校	旅游服务与管理	三峡旅游职业技术学院	导游

续表

序号	招生中职学校	招生专业	合作高职学校	合作高职专业
12	宜昌市三峡中等专业学校	中餐烹饪与营养膳食	三峡旅游职业技术学院	烹调工艺与营养
13	宜昌市三峡中等专业学校	旅游服务与管理	三峡旅游职业技术学院	酒店管理
14	宜昌市机电工程学校	旅游服务与管理	三峡旅游职业技术学院	导游
15	南漳县职业教育中心	旅游服务与管理	襄阳职业技术学院	旅游管理
16	保康县中等职业技术学校	旅游服务与管理	襄阳职业技术学院	旅游管理
17	孝感市工业学校	高星级饭店运营与管理	湖北职业技术学院	酒店管理
18	湖北信息工程学校	中餐烹饪与营养膳食	荆门职业学院	烹调工艺与营养
19	利川市民族中等职业技术学校	旅游服务与管理	恩施职业技术学院	旅游管理
20	鹤峰县中等职业技术学校	旅游服务与管理	武汉职业技术学院	旅游管理
21	湖北省神农架林区职业中等专业学校	旅游服务与管理	三峡旅游职业技术学院	导游
22	湖北省旅游学校	高星级饭店运营与管理	湖北交通职业技术学院	酒店管理
23	湖北省旅游学校	旅游服务与管理	湖北交通职业技术学院	旅游管理

三、“1+X 证书”探索

2019 年 1 月，国务院发布了《国家职业教育改革实施方案》，鼓励职业院校学生在获得学历证书的同时，积极取得多类职业技能等级证书，拓展就业创业本领，缓解结构性就业矛盾。1+X 证书制度，并不是学历证书和职业技能等级证书“两种证书”的简单相加，更不是给职业院校增加一道就业门槛。推行 1+X 证书制度的目的，不是在职业院校的学习系统之外，设计一个独立的人才评价系统，而是要通过职业技能等级的考评与认证，引导职业院校改革教育教学体系，改善学生的学习过程和学习方式，拓宽和提升学生的就业创业能力。

2019 年，教育部开展职业院校“1+X 证书”试点工作。这项工作的开展将提升专业人才的职场竞争力，促进人才培养更贴合行业实际需求。在国家“1+X 证书”政策出台前，我国旅游职业院校的“1+X 证书”人才培养模式就已启动。例如，浙江旅游职业学院多年来积极探索此类的人才培养模式，目前已将 25 种职业技能等级证书的相关要求列入专业人才培养方案之中。黑龙江旅游职业学院酒店管理专业也构建了“校企共育、岗证一体”人才培养模式。

根据课题组抽样调查数据显示，参与调研的 247 所院校中，有 102 所已经开展了“1+X 证书”人才培养模式，占样本总量的 41.7%。在开设“1+X 证书”人才培养模式的样本院校中，中职校占 39 所，高职校占 63 所，高职校占比约为 61.77%，明显高于中职校的 38.23%。在开展“1+X 证书”的旅游职业院校中，超过半数的学校拥有两种以上证书，占 58 所。各旅游职业院校的“1+X 证书”模式主要集中在导游资格证、茶艺师、咖啡师、调酒师、面点师、人力资源管理师等类别，共计 33 种证书。其中以导游资格证最多，占 66 所，其次为茶艺师证书，占 54 所。2017 年，人社部印发的最新国家职业资格目录中取消了与酒店服务类、会展策划类相关的一批资格证书。目前，目录中与旅游专业相关的证书仅包括导游证、品酒师、评茶员、中式烹调师、中式面点师、西式烹调师、西式面点师等，休闲、会展、景区等相关专业缺乏有代表性的职业证书。

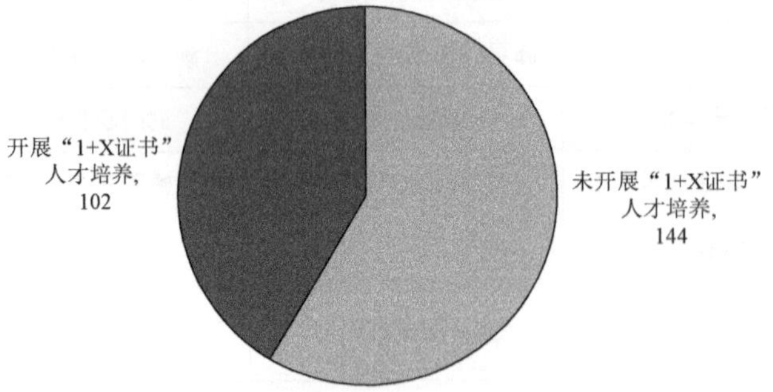

图 2-9 样本学校开展“1+X 证书”人才培养情况

资料来源：课题组根据抽样调研数据整理。

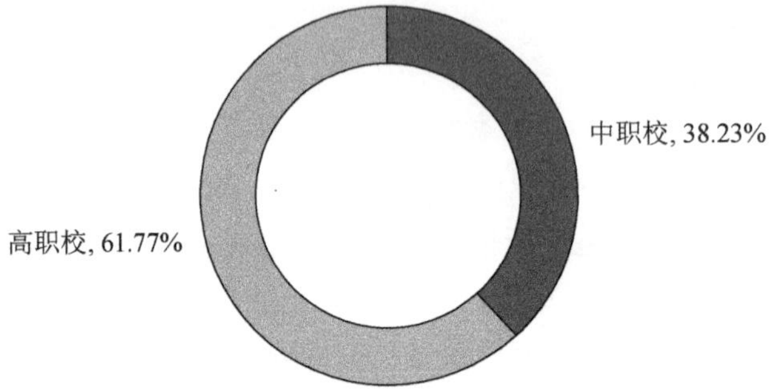

图 2-10 开设“1+X 证书”的中高职学校占比

资料来源：课题组根据抽样调研数据整理。

表 2-6 样本院校学生可取得的职业技能等级证书种类

序号	证书名称	序号	证书名称
1	导游资格证	6	吧台师
2	茶艺师	7	调酒师
3	研学辅导师	8	品酒师
4	旅游管理师	9	营销师
5	咖啡师	10	插花师

续表

序号	证书名称	序号	证书名称
11	中式面点师	23	教师资格证
12	礼仪师	24	评茶员
13	西点师	25	普通话证
14	酒店职业经理人	26	讲解员
15	侍酒师	27	安全救护员
16	内审员	28	公共营养师
17	会计师	29	西式烹调师
18	计调师	30	中式烹调师
19	旅游私人定制师	31	人力资源管理师
20	酒店管理师	32	健康管理师
21	烹调师	33	展览讲解员
22	校企合作类证书		

“1+X 证书”制度的核心，是增强我国职业教育的人才供给能力，为生产服务一线提供大量的具备合格职业技能的熟练劳动者。因此，“1+X 证书”制度反映的是学生和学校的能力建设程度。“1+X 证书”有利于提升学生的综合职业能力。综合职业能力一是就业能力，包括职业生涯发展的核心素养，如学习能力、思维能力、综合能力、社交能力和领导能力等。二是工作能力，主要是具体职业的工作实践能力。三是创新创业能力，包括适应变化的能力，以及以职业技能为基础的创业发展能力。

“1+X 证书”制度亦有利于提升职业院校的人才供给能力。学校的人才供给能力不仅包括适应现实需求的人才培养能力，更重要的是适应产业技术变化的快速反应能力。“1+X 证书”制度的推行，将为各类院校调整人才培养规格和与之相适应的课程体系和教学体系，提供有效的工具和途径。未来，如何在人才培养中科学地引进国内外其他资格认证、开发符合行业新发展的职业证书，将成为旅游职业教育“1+X”证书建设研究与实践的热点之一。

第三章 教育教学

近年来，围绕努力办好人民满意的教育这一总目标，旅游职业院校结合各地各校实际，以全面培养新时期高素质创新型人才为目标，优化教学手段，规范管理制度，强化质量意识，多措施并举，在提升教育教学水平方面获得了一系列丰硕的成果。着力提升质量，扎实推进教育内涵式发展已经成为各旅游职业院校的共同追求。本章将从专业建设、课程建设、实习实训、教学评价和教学成果五个方面对旅游职业教育的教育教学展开分析。

第一节 专业建设

一、目录内专业建设

2018 年，我国中高职院校的旅游大类招生仍按照原有招生目录进行，但教育部于 12 月底发布了《教育部办公厅关于征求对新版〈中等职业学校专业目录〉意见的函》，其中包括了《中等职业学校专业目录（征求意见稿）》和《中等职业学校专业目录（征求意见稿）新旧专业对照表》，标志着中职专业目录的调整工作已接近尾声。

表 3–1 2018 年高职旅游大类招生目录

64旅游大类		
专业类	专业代码	专业名称
6401 旅游类	640101	旅游管理
6401 旅游类	640102	导游
6401 旅游类	640103	旅行社经营管理
6401 旅游类	640104	景区开发与管理
6401 旅游类	640105	酒店管理
6401 旅游类	640106	休闲服务与管理
6402 餐饮类	640201	餐饮管理

续表

64旅游大类		
专业类	专业代码	专业名称
6402 餐饮类	640202	烹调工艺与营养
6402 餐饮类	640203	营养配餐
6402 餐饮类	640204	中西面点工艺
6402 餐饮类	640205	西餐工艺
6403 会展类	640301	会展策划与管理

表 3-2 2018 年中等职业学校专业目录（征求意见稿）新旧专业对照表（旅游服务类）

专业类	新专业名称	原专业代码及专业名称	调整类型
13 旅游服务类	高星级饭店运营与管理	130100 高星级饭店运营与管理	变更技能方向
13 旅游服务类	旅游服务与管理	130200 旅游服务与管理	保留
13 旅游服务类	旅游外语	130300 旅游外语	保留
13 旅游服务类	导游服务	130400 导游服务	保留
13 旅游服务类	景区服务与管理	130500 景区服务与管理	保留
13 旅游服务类	会展服务与管理	130600 会展服务与管理	保留
13 旅游服务类	中餐烹饪与营养膳食	130700 中餐烹饪与营养膳食	变更技能方向
13 旅游服务类	西餐烹饪	130800 西餐烹饪	变更技能方向
13 旅游服务类	钟表维修	130900 钟表维修	保留
13 旅游服务类	康养休闲旅游服务	新增专业	新增专业
13 旅游服务类	中西面点	新增专业	新增专业

在目录内专业建设方面，各院校积极结合地方特色，发挥优势，注重积累，已经取得了良好的建设成果。例如，在 2018 年职业教育专业教学资源库立项建设项目名单中（见教职成司函〔2018〕92 号），秦皇岛职业技术学院的导游专业获准立项，也成为本次立项的唯一一个旅游类专业。

在本次抽样调查中，样本院校中拥有省级以上特色、重点专业（专业群）的为 135 所，占 54.66%，其中拥有 3 个以上省级特色、重点专业（专业群）的院校数为 22 所；未获得省级以上特色、重点专业（专业群）的为 112 所，占 45.34%。以上数据表明，我国旅游职业院校经过多年的发展积累，在原有专业建设方面已经取得了不俗的成绩。这些专业建设成果的取得，势必推动旅游职业教育人才培育质量的总体提升。

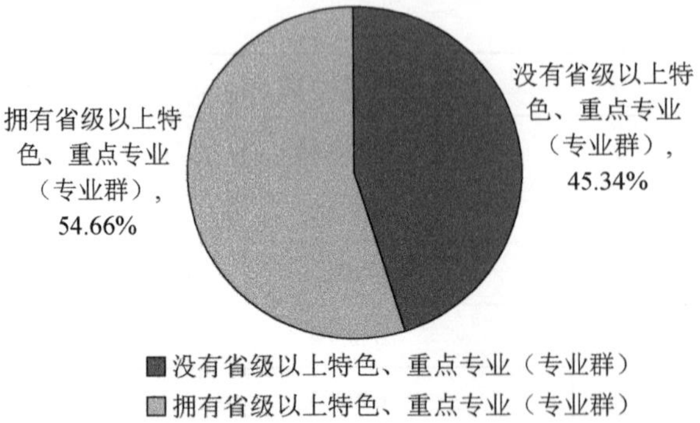

图 3-1　样本院校拥有省级以上特色、重点专业（专业群）情况

表 3-3　样本院校拥有省级以上特色、重点专业（专业群）情况

拥有省级以上特色、重点专业（专业群）数量（个）	院校数量（所）
0	112
1	73
2	40
3	10
4	6
5	3
6	0
7	1
8	1
9	0
10	1
合计	247

在专业建设中，一些独立建制的旅游高职院校在资源整合、总体投入方面更具优势，因而成效更为卓著。例如，河北旅游职业学院围绕旅游大类专业 2018 年共开设 39 个专业，其中导游、旅游管理为省级示范专业；导游专业、旅游管理专业为“三年行动创新计划”骨干专业；酒店管理专业为优质院校建设专业。

上海旅游高等专科学校酒店管理、烹调工艺与营养、旅游管理成为国家示范性高职院校建设项目的重点专业；旅游英语、烹调工艺与营养是上海市“085”工程重点建设专业；旅游英语、餐饮管理专业入选教育部、财政部“高等职业学校提升专业服务产业发展能力项目”。2017 年，该校酒店管理和会展策划与管理专业成功入选为教育部、国家旅游局高等职业院校旅游类示范专业点①。

南京旅游职业学院现开设专业 21 个，其中全国职业院校旅游类示范专业 1 个，教育部和财政部重点支持建设专业 2 个，省级 A 类品牌专业 1 个，省高水平骨干专业 4 个，省级特色专业 2 个，省重点建设专业群 2 个，5 个专业通过联合国世界旅游组织旅游教育质量认证②。

青岛酒店管理职业学院截至 2018 年共拥有全国职业院校示范专业点 2 个，中央财政支持建设专业 2 个；省级示范专业 2 个，省级特色专业 7 个，省级重点建设专业 10 个，省级品牌专业群 2 个，青岛市高职重点建设专业 6 个；省市级专业办学联盟 4 个③。

黑龙江旅游职业技术学院共有 37 个专业及方向，其中国家中央财政支持建设专业 2 个，省级重点专业 7 个，现代学徒制试点专业 2 个，中高职贯通培养专业 5 个。

为加快提升专业建设水平，一些院校借助合作渠道，以联合开办本科专业、中外联合办学促进高素质旅游人才的培育。例如，江西旅游商贸职业学院与江西科技师范大学联合开办了酒店管理、物流管理等专业的应用技术本科班，并与英国南兰克郡学院开展联合办学，开办了中英旅游管理、电子商务、国际贸易 3 个专业。该学院和夏威夷卡比奥拉尼大学联合举办旅游管理专业，2018 年获省政府特批招收国际导游英才班，为培养具有国际视野的高素质旅游人才踏出了坚实的一步④。

中职校方面，一些地区也在持续推进专业建设的步伐，对优势专业给予政策和资金的扶持。2018 年 4 月 25 日，山东省教育厅发布了《关于公布 2018 年度山东省中等职业教育品牌专业建设项目的通知》，山东省教育厅确定了济南市历城职业中等专业学校计算机网络技术等 58 个专业为 2018 年度山东省中等职业教育品牌专业建设项目，自建设方案及任务书下达之日起开始建设，为期 2 年。实施山东省中等职业教育品牌专业建设计划，是加快发展现代职业教育的重要内容，是提升中等职业学校专业发展水平、教学质量和服务乡村振兴战略、新旧动能转换重大工程的重要举措。该项目将由山东省厅联合省财政厅结合中央财政职业教育“以奖代补”资金，继续按照每个品牌专业 200 万元标准给予经费支持（青岛市 8 个品牌专业建设项目经费由该市统筹安排）。资金主要用于专业人才培养方案制定与实施、课程与教学资源建设、实训实习条件改善、现代信息技术应用与数字化资源建设、校企合作制度与管理运行机制建设、师资队伍与服务能力建设等方面。在该名单中，淄博机电工程学校的中餐烹饪与营养专业、枣庄经济学校的旅游服务与管理专业、德州四方中等职业学校的中餐烹饪与营养膳食专业获得立项。

① 《上海旅游高等专科学校高等职业教育质量年度报告（2019）》。
② 《南京旅游职业学院高等职业教育质量年度报告（2019）》。
③ 《青岛酒店管理职业技术学院高等职业教育质量年度报告（2019）》。
④ 《江西旅游商贸职业学院高等职业教育质量年度报告（2019）》。

二、目录外专业建设

“十三五”以来，我国旅游业发展呈现出多元跨界的趋势。文化和旅游部“‘十三五’旅游发展规划”明确提出了“旅游+”发展战略，推动旅游与城镇化、新型工业化、农业现代化和现代服务业的融合发展，拓展旅游发展新领域。针对行业发展情况，部分院校于2018年趁势开办了新专业（新方向），同时对原有专业进行了科学调整。例如，青岛酒店管理职业技术学院开办了酒店工程、酒店财务、酒店艺术设计、酒店信息技术等专业建设方向。南京旅游职业学院积极申报了休闲服务与管理、工艺美术品设计、高速铁路乘务服务3个新专业。

重庆旅游职业学院构建了“规划经营与旅游管理、餐饮卫生与康养旅游、民族技艺与文化旅游、语言文化与涉外旅游、装备运营与旅游交通、大数据与智慧旅游”等六大专业群主动撤销了景区开发与管理、汽车营销与服务、旅行社经营管理3个专业。成功申报了大数据技术与应用、数字媒体应用技术、网络营销、智能控制技术、信息统计与分析、民族传统技艺6个专业。

上海旅游高等专科学校在原先13个专业的基础上，2018年经过专业申报、行业论证、学校审议、教委答辩等环节，完成并获批建设财务管理和空中乘务两个新专业，葡萄酒营销与管理专业作为目录外专业将于2019年参加教育部组织的目录外专业申报工作。

扬州旅游商贸学校依据学校专业建设制度，由校长室、教务处牵头，各系部、各名师工作室、各教研组在暑期进一步落实产业调研工作，形成“扬州旅游商贸学校新专业设置调研报告”，在秋学期组织进行新专业设置申报工作，并在来年的春季学期进行已有专业的新一轮人才培养方案的滚动修订工作，从而形成《扬州旅游商贸学校人才培养方案》等一系列学校专业建设文件。2018年学校新增五年制高职幼儿发展与健康管理专业，2018年年底，完成了2019年计划新增的五年制高职电子商务专业、五年制高职西餐工艺专业、五年制高职导游专业、五年制高职空中乘务专业的专业调研项目和申报工作。

厦门工商旅游合理构建旅游服务类、汽车服务类、财经商贸类、互联网+文化创意类等四个专业群，在专业群构建时充分考虑共性的技术基础，积极打造专业群公用技术平台。2018年共20个专业招生，其中五年制大专3个专业，三年制中专17个专业，物流管理（5年专）、新能源汽车运用与维修专业为新开设专业。

表 3–4　部分院校近年来开办的新专业（新方向）

序号	院校名称	专业（方向）名称
1	浙江旅游职业学院	酒店管理（智能化） 老年服务与管理（设计管理方向） 高尔夫球运动与管理 旅游管理（规划设计方向） 导游（国际旅游顾问方向） 酒店管理（国际英才班） 西餐工艺（中澳合作）
2	南京旅游职业学院	酒店管理（酒店信息工程） 休闲服务与管理 工艺美术品设计 高速铁路乘务服务
3	郑州旅游职业学院	旅游管理（办公文案） 旅游管理（休闲旅游） 旅游管理（生态旅游方向） 建筑智能化工程技术（酒店工程方向） 婚庆服务与管理 数字媒体应用技术（旅游影视包装） 文化产业管理（拟）
4	山东旅游职业学院	酒店管理（葡萄酒侍酒师） 公共文化服务与管理或文化市场经营管理专业（拟）
5	山西旅游职业学院	邮轮乘务管理
6	太原旅游职业学院	高速铁路客运乘务 营养配餐 机场运行 互联网金融 房地产经营与管理 民航安全技术管理 应用西班牙语 应用泰语
7	广东酒店管理职业技术学院	茶艺与茶叶营销 健身指导与管理 酿酒技术（调酒与酒品鉴赏方向）
8	河北旅游职业学院	大数据技术与应用

资料来源：课题组根据调查资料整理。

据抽样调查数据显示，2018 年，247 所样本院校中开设新专业的数量为 81 所，约占 33%；未开设新专业的为 161 所，约占 67%。在开设新专业的院校中，中职校为 44 所，高职校为 37 所。未来，随着文旅产业的加速融合，旅游跨界能力的进一步增强，各职业院校应对产业升级时可能涌现出更多新的专业或方向。

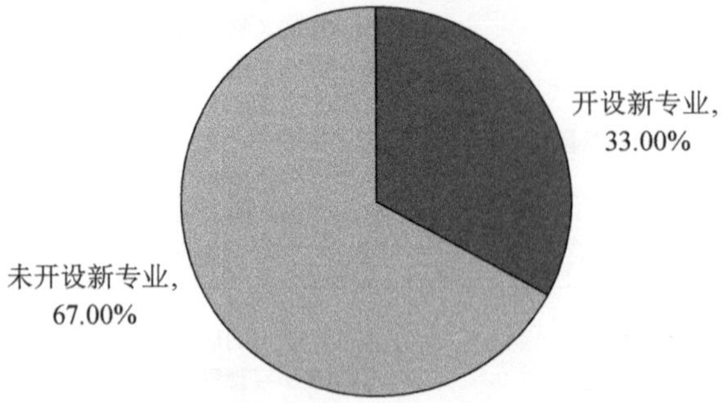

图 3–2　院校开设新专业情况

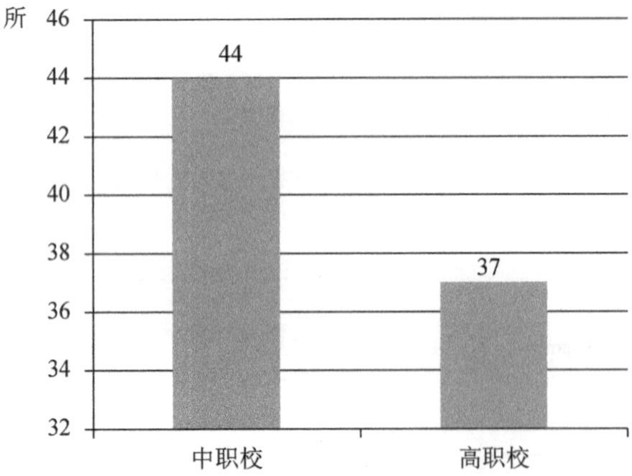

图 3–3　开设新专业的院校数量对比

三、专业群建设

传统专业建设模式存在“专业设置与产业发展脱节，专业设置重复、资源分散而缺乏竞争力，就业质量不高和产业服务能力不强”等突出问题。2006 年，教育部、财政部启动国家示范性高等职业院校建设计划，提出“十一五”期间要建设 500 个左右的专业群，以促进资源共享，提高示范院校对经济社会发展的服务能力。此后，越来越多的学者、高职院校对专业群问题进行了研究、探索与实践。江苏省、湖南省等地区在全省范围内正式启动了高职专业群建设工作。2018 年初教育部提出了“启动中国特色高水平高职学校和专业建设计划”。这一计划进一步打破了我国高职校原有的传统专业建设模式。从示范（骨干）校建设，到优质校建设，再到“双高计划”，最为明显的区别就是将专业群建设摆在了一个更为突出的位置。在建设高水平高职学校的同时，各地教育部门开始着力建设一批服务、支撑、推动国家重点产业和区域支柱产业的高水平专业群。例如，山东省提出建设全省建设200个左右中职品牌专业、200个左右高职品牌专业群，争创中国特色高水平专业（群），打造一批区域离不开、业内都认同、国际可交流、在全国具有领先水平的专业群。

专业集群概念的提出源自对产业集群理论的研究与实践。所谓“集群”是指同一类型或具有同一特质的事物的集合体，这种集合体可以发挥群体效应，有利于群体所共同需要的各种要素的聚集，产生1+1>2的效应，集群的核心在于各种要素的集成；所谓“集成”即化零为整，由分散到集中，将损耗、干扰降低到低程度。因此，集群的优势在于降低成本、提高经济效益、增强核心竞争力。

职业教育的快速发展一定程度上导致结构性矛盾的加剧。一是国家体制改革导致原先行业特色鲜明的职业教育日益失去吸引力，专业同质化、求大求全、千校一面的现象越来越严重，技术技能人才供应的结构性矛盾得不到改善。二是专业数量的增加造成专业单体资源的稀释，而有限的资源又得不到充分的应用，影响了人才培养质量，限制了专业服务能力。为实现动态调整专业结构和专业内涵，以适应经济社会发展的需要，持续推进产教融合、集聚各类资源，以更好地适应学校特色发展和创新发展的需要，职业院校采用集群式专业结构既是区域性产业集群的客观要求，也是提升专业建设水平的有效措施。所谓“专业群”，指围绕某一技术领域或服务领域依据自身独特的办学优势与服务面向，以学校优势或特色专业为核心，按行业基础、技术基础相同或相近原则，充分融合相关专业而形成的专业集合，代表着院校的专业发展方向和重点。所谓“专业集群”指对应区域中某一个支柱产业的产业链或相关技术（服务）领域，整合学校现有专业，组建相应的专业群，形成的集群式专业结构。职业教育是教育领域中与经济社会发展和产业转型升级关系密切的部分，院校要更好地对接产业经济发展方式、不断提高办学水平，就需要突破固有专业概念的局限，借鉴集群发展的思想，探索专业集群式发展。我国经济当前正处于“调结构、转方式、促升级”的重要时期，职业教育实施专业集群化发展既是对接产业转型升级发展、推进产教融合的外部要求，也是集成各类资源、提升办学核心竞争力和办学效益的内生需求。

在国家和地方政策推力下，面对投入不足、资源不足、活力不足、生源竞争日趋激烈的形势，为了增强竞争力和吸引力、提高办学质量和效益，一些院校依托区域经济发展，形成了独具特色的、高水平的专业群，成为旅游职业教育发展中的新的亮点。例如，山东旅游职业学院先后于2017年和2018年获得了旅游管理、酒店管理两个省级品牌专业群的立项。河北旅游职业学院共确定了包括导游专业群、旅游管理专业群、旅游英语专业群等在内的5个重点专业群。在2018年底湖南省教育厅公布的《湖南省高等职业教育一流特色专业群建设项目、培育项目名单》中，长沙商贸旅游职业技术学院的现代商贸服务业、旅游服务业和湘菜产业三个专业群榜上有名，湖南商务职业技术学院的现代旅游管理、湖南外贸职业学院的国际旅游、长沙南方职业学院的航空旅游服务也成功入围。

推进专业集群式发展是解决技术技能人才供需结构性矛盾、适应经济新常态的必然要求。切实提高人才培养的针对性和适应性，将引导职业院校专业设置逐步从离散走向集合。

第二节　课程建设

一、在线课程建设

课程建设是专业建设的基石，是学校、教师向学生输出的最直接"产品"，是学生培育的主要载体。课程建设的优劣不仅是教育教学质量的重要衡量指标，亦是教育改革创新的重要领域。目前，随着科学技术的发展，在线课程获得了飞速的发展，而且迅速赢得了年轻学生和旅游业从业者们的青睐。

根据课题组调研数据显示，247 所样本院校中，有 87 所拥有旅游类省级网络资源共享课，约占 35.22%，超过三分之一；拥有旅游类国家级网络资源共享课的院校为 36 所，约占 14.57%。在线课程的建设与开发不仅丰富了教育教学资源，而且带动了学校整体的教学改革和课程建设步伐。例如，郑州旅游职业学院就以《导游实务与原理》省级精品在线开放课程的建设带动了 40 门校级精品在线开放课程的建设。

黑龙江旅游职业技术学院截至 2018 年共建成国家教学资源课程 2 门，省级精品课程 7 门，开发在线慕课 2 门，每年都有 40 余课程实行在线网络和翻转课堂形式学习。

表 3-5　样本院校省级以上资源共享课情况

类别	样本数量
无省级资源共享课	160 所
有省级资源共享课	87 所
无国家级资源共享课	211 所
有国家级资源共享课	36 所

河北旅游职业学院不断进行一体化课程建设，2018 学年开设课程门数 971 门，其中理论课 139 门，理实一体化课程 748 门，实践课程 128 门。学院成立了信息化教学委员会，出台《河北旅游职业学院在线开放课程管理办法》，购置泛雅平台，鼓励教师利用泛雅平台开展在线开放课程建设，逐步开展线上线下混合模式教学。2018 年共 372 名教师参与建课，课堂运行数为 467 个，建设的网络课程数达到 1000 余门，课程活动数 247 786 次，课程资源数达到 57 410 个点，2018 年总访问量达到 3 816 904 人次[①]。

青岛酒店管理职业技术学院大力推进课程、实践教学条件建设，建有国家在线开放课程 2 门，省级以上精品课程 37 门，省级精品资源共享课 13 门；国家级教学资源库子库 2 个，省级教学资源库 2 个。

---

① 《河北旅游职业学院高等职业教育质量年度报告（2019）》。

还有一些职业院校采取校企合作共建的方式，也取得了良好的成效。2018 年 9 月，山东旅游职业学院饭店管理系与万豪家族基金会万礼豪程项目联合开发了 CLE 万礼豪程国际在线合作共享课程。这是一门创新的全球在线合作共享课程，利用互联网 + 教育的模式，充分利用网络平台，将新技术与传统课堂教学相结合，可以极大提高知识传递效率，为中国各大酒店与旅游管理专业创造共享的全球课堂。2018 年，该 GLE 课程登上美国芝加哥著名商学院官网头条，扩大了国际影响力。江苏省扬州旅游商贸学校与扬州迎宾馆、扬州何园、扬州市旅游局、江苏省信息服务产业基地、扬城一味餐饮集团、金龙鱼集团等单位或企业开展校企合作、共建共享课程资源。校企共建共享《地方景点导游》《中职盐商文化旅游类统整课程》《淮扬名菜》《电子商务基础》等市级精品课程 6 门，以及《中式烹调技艺》《烹饪营养与卫生》《中式面点技艺》《烹饪概论》《PHOTOSHOP 高级应用》《财经法规和会计职业道德》等网络课程 12 门，建设校级精品课程 23 门；开发《地方实景导游》《网络组建与应用》《中式烹调技艺》《会计基本技能》等 10 门校本专业技术课程；旅游服务与管理、烹饪工艺与营养等主干专业（群）均建有内容丰富的教学资源库，语文学科参与教育部职业教育信息化教学示范课摄制，《景泰蓝的制作》《鸿门宴》两课入选国家教育资源公共服务平台。

综上，一些院校积极探索“互联网 + 教学”，取得了显著的成效。然而，仍有部分院校在课程建设中忽视新技术手段的应用，课程设计缺乏时效性。由于在师资培养中缺乏有计划的培养，因此在线上课程开发建设过程中困难重重，缺乏有代表性的建设成果。

二、职业素养类课程建设

职业教育本身即“以就业为导向，以服务为宗旨”的教育，是直接面向行业企业培养人才的教育，是将青年学生培养成为职业人的教育，这就要求职业教育根据行业的特点在人才培养中应重视职业素养。特别是旅游业是直接面对“人”的服务，游客是来体验和享受旅游的，往往对员工的素质、技能、情商要求更高。同时，随着我国社会经济的发展，消费升级、经济转型，传统文化回归，工匠精神成为时代发展的需要。2017 年 10 月 18 日，习近平总书记在党的十九大报告中指出，要建设知识型、技能型、创新型劳动者大军，弘扬劳模精神和工匠精神，营造劳动光荣的社会风尚和精益求精的敬业风气。

在新时代的中国，工匠精神为代表的职业素养是社会文明进步的重要尺度、是中国制造前行的精神源泉、是企业竞争发展的品牌资本、是员工个人成长的道德指引，对推动我国“三个心转变”[①] 具有重要的时代意义。学生的职业素养，对其个体而言，是决定其未来职业生涯发展的关键因素；对整个行业而言，是行业未来发展动力的保障；对职业教育而言，是教育教学的最根本追求。工匠精神的回归，为职业教育学生职业素养的培育注入了新的灵魂，让职业技能人才培养有了新的方向。职业院校作为学生职业素养培育的重要场

① 三个转变，即中国制造向中国创造转变、中国速度向中国质量转变、中国产品向中国品牌转变。

所，理应重视职业素养类课程的教学。

当前，旅游职业教育年均 30 万的人才供应量与行业年均 50 万人的需求增量形成反差，接近 40% 的流失率使行业人力资源储备更加吃紧，旅游人才职业素养不全面是重要的原因之一。学生掌握了职业技能，却没有最终上升为文化认同，培养出乐业、敬业的职业意识和职业感情，综合职业素养不能适应旅游行业的需求。因此，旅游职业教育的关键在于培育职业综合素养，不仅仅教会学生"硬技能"，更要激发产业文化认同感，培养一大批敬业、乐业的实用性旅游人才。因此，旅游职业教育要加强综合素质的培养，让旅游从业人员具有良好的素养、娴熟的技能、温馨的服务，让旅游业真正成为人民群众更加满意的现代服务业。

为准确了解各旅游职业院校职业素养类课程开设情况，课题组在抽样调查中专门设计了相关题目。根据课题组抽样调查数据显示，在 247 所院校中，已开设职业精神、职业素养类课程的有 215 所，约占 87%；未开设此类课程的有 32 所，约占 13%，表明旅游职业院校对此类课程重视程度较高。开设此类课程的 215 所院校中，中职校占 108 所，高职校占 107 所，基本相当。其中，将旅游职业精神、职业素养类课程作为公共基础课程的院校为 165 所，约占 66.8%；作为专业必修课的为 106 所，约占 42.91%；作为专业选修课的为 65 所，约占 26.32%；作为公共选修课的为 50 所，约占 20.24%；其他为 3 所，约占 1.21%（此题为多选题）。

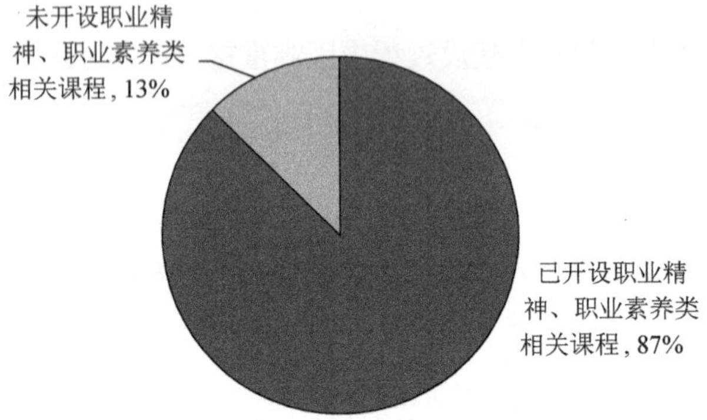

图 3-4　职业精神、职业素养类课程开设情况

表 3-6　样本院校职业精神、职业素养课程所属类别统计

职业精神、职业素养课程所属类别	数量（所）
公共基础课	165
专业必修课	106
专业选修课	65
公共选修课	50
其他	3

三、新课程建设

为应对文旅产业融合、升级、转型的需要，各旅游职业院校纷纷开展了新的课程建设和尝试。例如，上海旅游高等专科学校为迎合产业升级发展，加大对学生未来职业发展能力的塑造力度，近年来利用校企合作的机会开发了一系列新课程。目前，已形成了以《酒店管理信息系统（Opera）》《旅游与酒店电子商务》《酒店收益管理》《酒店经营管理沙盘演练》等组成的一系列新的专业骨干课程；出版了系列教材《酒店管理信息系统教程实训手册（第二版）》《旅游电子商务基础》等。

2018 年，三亚航空旅游职业学院创新创业小组编写了校内创新创业课程教材，并将在 2018 级学生中全面开展创新创业课程教学，将创新创业作为全校公共必修课纳入学校人才素质培养体系中，为培育学生创新创业能力打下了坚实的基础。

重庆旅游职业学院为提升学生的创新创业能力，开设了《创业与创新教育》课程，并在《职业生涯规划与就业指导》课程体系中加入了《大学生创业基础理论与实践》模块，做到创业教学与专业教学相融合，

北京财贸职业学院实施了双创教育与专业理论课程、实践创新课程、财贸素养课程“三融合”。包括以下三个方面：

（1）专业理论课程启蒙双创意识。通过“研学结合”课程与项目，对课程目标、课程内容、教学方法、教学评价等进行系统改革。将专业理论学习与研究性任务相结合，依托活动、项目等载体，使用案例分析、探寻调查、问题情境、头脑风暴、角色扮演、沙盘演练等探究性学习方法，创设激发学生主动思考的情境。

（2）实践创新课程培养双创能力。重构专业课程体系，设立实践创新课模块，将顶岗实习纳入实践创新课程。从双创教育认知、体验、实战三个维度进行课程设置与开发，升级智慧金融体验中心、智慧零售实训中心、模拟企业运营中心等 53 个校内专业实训基地，设立两岸水吧、丝绸友递、艺树工作室等多个带薪双创实训室，开发校内与专业相关的勤工助学岗位，把校园勤工岗变成开启学生“创业梦想”之所。

（3）财贸素养课程涵养双创品格。学校将思政课及“感恩、爱心、诚信、责任、创新”五板块财贸素养课程与双创教育有机融合，通过每个主题的理性认识、自我行动、总结展示，采用双创宣传周、创业沙龙、创业英雄汇等主题讲座，参观校友企业、创意园区、创业基地、创业展览以及参加行业论坛等活动，将世界观、人生观、价值观融入教学，使学生的理想信念和职业道德在活动中养成，使双创品格内化于心、外化于行。

第三节　实习实训

职业院校应当明确旅游人才的培养目标，对教学模式进行改革，建立适应市场需求的教学标准，强化实习实训，积极探索现代学徒制、校内外多种形式结合的实训教学模式，增加实践操作学习的时间，使学生在毕业前获得更多的实践经验。如：在校内进行一些专业技能实训、模拟场景实训、竞赛形式的实训等。与企业合作，采取企业观摩、跟岗实训、志愿者活动、行业专家指导、订单式培养等形式，让学生深入了解行业，熟悉岗位职能。同时，将实训学分作为学生毕业综合评价学分的重要组成，这样既可以提高学生参与实训的积极性，又能收到很好的实训效果。

一、校内实训

校内实训作为人才培养的实训的重要环节。从调研结果看，院校之间对实习实训的时间安排、管理水平也存在显著差异。

（一）校内实训场馆

2018 年，课题组通过问卷调研①，针对 131 所高职和 116 所中职，共计 247 所开设旅游相关专业的院校进行了针对性的数据统计。数据表明：91.9% 学校都建有校内实训场，校内实训场所平均为 6.18 个，拥有场馆数量在 1~5 个的院校占样本数量的 49.4%，场馆数量在 6~10 个的院校占 30.4%，20.2% 的院校拥有超过 10 个校内实训场馆，样本方差达到了 10.1，足见院校在实习实训方面硬件上的差异很大。校内实训场馆中，53.5% 的院校都建有校企共建实训场馆，调研所有院校平均 1.61 个，有 5 个院校的校企共建实训场馆达到了 10 个及以上，北京市外事学校以 41 家校内实训基地列调查院校第一。另外，33.2% 的院校开设了具有经营性的实训场馆，如南京旅游职业学院的御冠酒店、山东旅游职业学院的百川花园酒店、浙江旅游职业学院设有旅苑酒店、旅苑国际旅行社、旅苑会展公司等“旅苑”品牌系列“校中店”。

表 3–7　实习实训硬件条件调研结果

	校内实训场馆	校企共建实训场馆	校内经营性实训场馆
建设比例	91.9%	53.5%	33.2%
样本平均值	6.18%	1.61%	54.5%
样本方差	40.12	11.97	1.50

郑州旅游职业学院校内建有 127 个融“教、学、做”为一体的专业实践教学场所，可

① 课题组问卷调查数据。

以满足 42 个专业的学生实训需求。学校教学科研仪器设备总值达 6928.41 万元，生均教学科研仪器设备值 12 423.66 元，能够充分满足教学科研需求。具体情况如表 3–8 所示。

表 3–8　校内实训基地建设情况表

基地数（个）	总建筑面积（平方米）	教学科研仪器设备总值（万元）	当年新增设备值（万元）	设备总数（个）	大型设备数（个）
127	66 862	6928.41	751.23	7644	112

（二）实践课程开设情况

实践教学是职业教育的显著特征，是职业教育的优势所在，也是目前我国旅游职业教育教学中的重点所在。我国职业教育发展的历史较短，至今仍然处在快速发展过程以及实践探索过程。职业教育发达国家，如德国、瑞士等都通过职业教育法律明确职业院校、行业企业在学生培养过程中的责任和义务，共同承担人才培养的任务，所以职业院校、行业企业都要重视和积极努力，共同担当起旅游业人才培养，努力改变实践类课程仅仅由院校教师独立承担的现状。

在旅游消费方式发生变化、新业态不断发展、互联网 + 的背景下，实践性教学不仅是要学生到实践中去顶岗实习、工学交替，更需要教师懂行业、懂门道、懂发展、懂技术；也需要对职业教育的规律进行研究，并将研究的成果上升为标准、规范进而按照科学的方法指导实践性教学；也需要有更加科学合理的评价方法。

在加强实践性教学方面，文化和旅游部组织实施了“万名旅游英才计划——实践服务型英才培养项目”，资助在校生开展行业产业实践服务，到 2020 年共资助 1000 个项目团队。在深化校企合作方面，到 2020 年，文化和旅游部在重点旅游企业建设 100 个国家级旅游职业教育实习实训基地和 300 个“技术技能大师工作室”，资助开展一批创新型示范性校企合作项目。在加强“双师型”教师培养方面，国家旅游局设立专项资金，到 2020 年共资助 1000 名教师开展教学研究，培训 1000 名骨干“双师型”教师。通过以上国家层面的项目支持，近年来我国职业教育的实践教学取得了长足的进步。

然而，我们也要看到，实践教学或实践类课程不能停留在低层次的技术实操层面，不仅仅要实现教学内容和岗位工作的对接，更要实现教学文化和产业文化的对接，形成产教融合框架下的实践教学体系。

课题组通过问卷调研①，数据表明：2018 年，开设旅游相关专业实践课的学校占到 96%，校内实践课课时占总课时的平均比重为 39.54%，与国家规定的实践性教学课时占总课时数一半以上的要求不相符。以中职高星级饭店运营与管理专业为例，抽样调查结果显示，该专业校内实践课课时占总课时的平均比重为 37%，每所学校设置校内实践课程占总课时的比重从 10% 至 60% 不等，大部分学校的实践性教学课时量仍然不足。样本院校中，

① 课题组问卷调查数据。

西平县职教中心和安阳市中等职业技术学校的校内实践课时占到了 80% 以上，日照技师学院、鹤壁职业技术学院、漯河食品工业中等专业学校、长春职业技术学校和洛阳旅游学校的校内实践课时达到了 80% 以上，常州旅游商贸高等职业技术学校、南通旅游中专、中山市旅游学校和威海职业学院等 31 所院校占比达到 60% 以上，但还有 56 所院校校内实践课时占比在 30% 以下。这也反映了不同院校的实践教学课时量差别较大。

表 3–9　校内实践课课时调研结果

	30%以下	30%~60%	60%~80%	80%以上
院校个数	56	158	31	2
院校占比	22.67%	63.96%	12.55%	0.8%

未来，随着旅游职业教育校企合作的逐步深入和投入的加大，实践类教学的师资和设施将获得有益补充，课程设计水平也将获得提升，将更贴近行业、企业要求。

二、校外实习

（一）国内实习基地

校外实习基地建设是旅游高职院校专业实践教学的重要举措，根据 247 所调研院校校外实习数据[①]，197 家学校都有国内实训基地，占比 79.76%。另外还有 50 家院校没有校外实训基地，这些院校依然存在着职业教育体系建设不够完善、职业技能实训基地建设有待加强的问题。调研院校国内实训基地样本平均值为 10.8 个，其中有 8 所院校国内实训基地超过了 50 家，14 所院校国内实训基地介于 30~50 家之间，74 家院校介于 10~30 家，小于 10 家国内实训基地的为 101 家，样本方差达到了 260.64，这说明不同院校之间差距较大，发展不平衡。

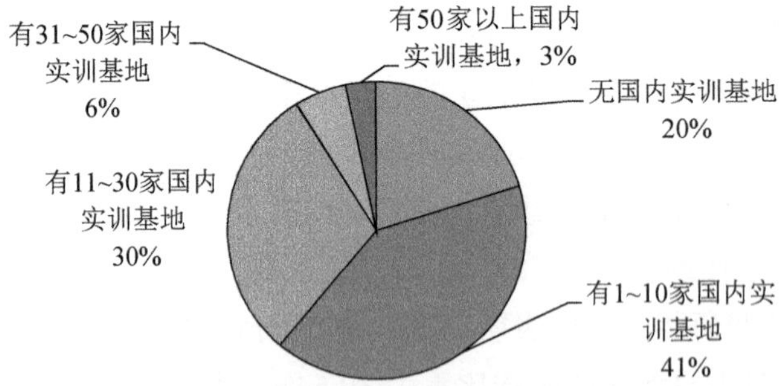

图 3–5　调研院校国内实训基地情况

高职院校中，青岛酒店管理职业技术学院[②]加强与企业合作，对校外实习实训基地实

① 课题组问卷调查数据。
②《青岛酒店管理职业技术学院高等职业教育质量年度报告 2019》。

行竞争入选、定期评估、不合格淘汰的动态管理和遴选机制，注重实训基地综合实力、提供实习岗位质量等内涵要素，优选校外实习实训基地，2018 年学院校外实习实训基地数稳定为 324 个。通过与鲁商集团、洲际酒店集团、香格里拉酒店集团、山东旅游有限公司、万科物业发展有限公司、华润集团等一批中外大型企业合作，进一步增强学院与企业的融合，促进学生顶岗实习与就业质量的提高。2018 年山东省旅游职业学院①校外实训基地涉及 192 家，实现了所有专业都有与之对口的稳定校外实践基地的要求，国内外实践基地数量与质量稳步提升，实训基地接收学生数 2423 人次，实习实训项目 567 个。其中，酒店管理专业群的实习单位多以五星级酒店和国际奢华品牌酒店为主，为学生打造良好实习平台和通往社会实践的桥梁。校企合作不断深化，双主体育人模式凸显。

中职院校中，青岛旅游学校②与企业合作，分专业建立实习实训基地，将企业作为培养学生的第二课堂。2018 年度在 7 家高级星饭店、23 家旅行社、十多家商贸类企业和青岛流亭国际机场等分专业安排 414 名学生进行实习，5 名学生经过选拔进入北京人民大会堂实习。

（二）海外实习基地

调研数据显示③，有 30 家院校开辟了海外实训基地，占比 12.15%。开设院校中平均校外实习场所为 4.28 个，23 家院校海外实训基地数量在 1~5 个，4 家院校海外实训基地数量在 5~10 个，其中南京旅游职业学院海外实习基地 36 所，郑州旅游职业学院和河北旅游职业学院都为 10 所，位列调研院校前三名。217 所学校没有开设校外实习实训基地，由此可见，不同院校在海外实习基地建设方面差距较大。

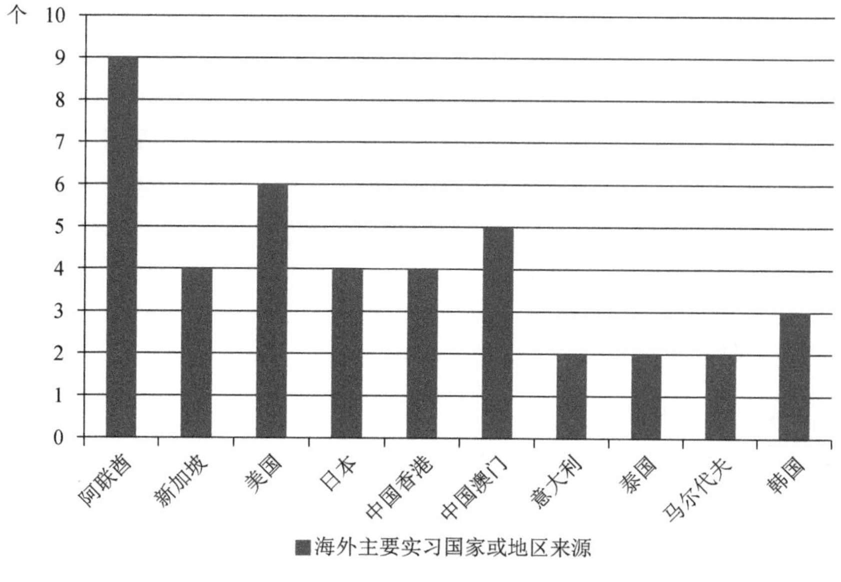

图 3-6　海外主要实习国家或地区来源调研结果

① 《山东旅游职业学院高等职业教育质量年度报告 2019》。

② 《青岛旅游学校 2018 年度职业教育质量年度报告》。

③ 课题组问卷调查数据。

南京旅游职业学院①积极推进国际交流与合作，先后与 13 个国家及地区的 25 所院校建立了交流合作关系，2018 年与荷兰蒙德里安酒店管理学院，联合洲际酒店管理集团共同开发了针对酒店管理专业学生的赴欧交换学习与实训项目，参加项目的学生可以赴荷兰蒙德里安学院与荷兰当地洲际酒店进行 1 个月的交换学习与 2 个月的酒店实训。项目集学习、实践与文化传播于一体，突破了传统交换学习只有理论知识学习的局限，通过理论与实践相结合，使学生在学习欧洲酒店管理知识的同时，参与海外酒店的管理运营，提升学生国际化职业素养的同时，也向荷兰当地群众传播了中国餐饮文化，为旅游类高职院校境外交换学习开创了新模式。

湖北省旅游学校②与30多家国际企业建立了合作关系，涉及酒店、机场、邮轮、百货公司、电子公司等多个行业，包括美国加勒比海邮轮公司，阿联酋朱美拉集团，日本教育研修协会、法国雅高集团，新加坡樟宜国际机场，香港英皇集团，澳门葡京酒店、八佰伴商业集团、澳门机场等知名国际企业。学校还分别与日中文化事业团，阿联酋酒店管理学院，美国康奈尔大学酒店管理学院等签订了联合办学协议，为学生提供海外的留学平台，有效地促进了学生的专业技能和国际化综合能力提升。

第四节　教学评价

评价在教学活动中起着指挥棒的引导作用，在传统的教学模式中，评价学生的标准是单调的，即仅仅依据成绩来对学生进行评价，由此产生了许多弊端——重视考核、忽视反馈；重视记忆、忽视技能；重视顶岗，忽视指导；重视结果，忽视过程；重视表演，忽视标准。

因此以过程性评价和终结性评价相结合的理论为基础，以全面衡量学生职业素质发展和反映学生个体差异为出发点，在加强学生的学习能力、学习态度、学习方法、学业成绩、创新精神和实践能力评价的同时，注重课程与就业方向的衔接，注重学生可持续发展的需求，从而促进其全面发展。

一、评价原则

（一）评价制度的科学性原则

旅游职业院校应创新教学质量评价制度，建立适应行业发展要求和学生持续发展需求的技术技能人才培养质量评价标准，建立学生质量跟踪调查机制。开展专业教学诊断与改进工作，完善内部质量保证制度体系。建立社会第三方机构开展产教融合、校企协同育人绩效评价制度。评价制度的设计和出台，是教学评价的前提和基石。

① 《南京旅游职业学院高等职业教育质量年度报告 2019》。

② 《湖北旅游学校 2018 年度职业教育质量年度报告》。

2018年，太原旅游职业学院成立了教育教学质量监测中心[①]，这是院长直接领导下的教育教学质量监控部门，主要协助学院领导从宏观层面对学院的教育教学质量进行监督和指导。贯彻执行党和国家的教育方针政策以及法律法规，结合学院的实际情况，制定和完善教学督导制度，制定了《太原旅游职业学院课堂教学评价标准》等相关文件，从制度上确保了教学评价的规范性。

（二）评价内容的全面性原则

评价的内容不仅要包括学生在知识、技能、智力和能力等认知方面的发展，还要评价学生在学习过程中所表现出来的态度、情感、价值观、个性、人格、世界观等非认知因素的发展。以酒店专业为例，不仅要考查学生中西餐摆台、中式铺床及夜床服务技能，还要通过考查学生在学习过程中与教师、同学相处的情况，待人接物态度、面对挫折的精神状态等，以此来全面评价学生的综合素养。

2018年，青岛酒店管理职业技术学院重点开展以企业评价为核心的第三方评价[②]，对应行业协会、研究机构、毕业生及家长和用人单位，开发了具有自主知识产权的第三方评价体系，设置了《人才培养目标方案》《人才培养资源开发与利用》《人才培养过程与控制》和人才培养绩效4个一级指标、20个二级指标及若干个观测点，将企业满意度、人才培养吻合度作为人才培养质量核心指标，并选取优势专业为试点，开展专业人才培养质量第三方评价，形成企业调研报告和第三方评价结果。

（三）评价方法的多样性原则

针对旅游专业教学综合性强、教学过程较难把握的特点，针对传统教学评价体系的弊端，在对教学进行评价的时候应把握：评教与评学相结合、过程评价与结果考评相结合、量化评价与模糊评价相结合、内容评价与形式评价相结合、校内考评与校外考评相结合。评价过程中要将诊断性评价、形成性评价和总结性评价相结合。

陕西旅游烹饪职业学院2018年完善评价模式[③]，改革学生课程学业考试评价形式，过程性评价、终结性评价、综合展示性评价结合，知识评价与能力评价结合，口头型考试、开放型考试、操作型考试、合作型考试、闭卷型考试并行；突出技能考核学生的学习，建立理实一体的课程学习评价体系，形成以能力为核心的学生评价形式。以毕业生就业质量为核心，建立第三方参与的教学质量评价机制，从就业率、专业对口率、就业稳定率、岗位晋升率、自主创业率、薪酬水平、学生及家长满意度、用人单位满意度等多个方面对学校办学质量进行评价。

（四）评价主体的多元化原则

尽管现在大部分院校摒除了传统应试考核方式，采用了过程性考核+终结性考核的方式，但是考核主体依旧是教师，其实旅游专业核心课程考核可以采用开放式、多元化的考

---

① 《太原旅游职业学院高等职业教育质量年度报告2019》。
② 《青岛酒店管理职业技术学院高等职业教育质量年度报告2019》。
③ 《陕西旅游烹饪职业学院高等职业教育质量年度报告2019》。

核。建立社会、企业、学校三方共同参与的多元化质量评价和监控体系。学校评价以教师评价、同学互评、自我评价为主要方式；企业评价则采用实习鉴定手册和毕业生满意度调查等形式；社会评价就是组织学生参加国家统一的职业技能鉴定考核，按照国家职业标准进行评价。以导游专业的现场导游课程为例，过往的评价中，更加重视教师对于学生讲解情况的评价；在评价体系改革后，更加重视学生之间的互评，让学生在更加放松自然的状态下进行学习；同时利用现代学徒制的教学改革，借助企业导师对学生的学习情况进行评价，加强专业学习与行业的密切联系，提高学生的学习兴趣、明确学习目标。

2018 年，山西旅游职业学院在原有学院考核评价机制的基础上，进一步完善多方参与的考核评价机制①。以能力为标准，将学生自我评价、学院教师评价、企业讲师评价相结合，积极构建多方评价机制，利用天津迅腾研发的“教务管理平台”“考务管理平台”等信息化手段对校企合作班学生进行评价，由行业、企业对实习生岗位技能进行达标考核。理论考核与操作考核相结合，建立了定期检查、反馈等形式的教学质量监控机制。

二、教学评价方法的思考

科学的评价方法不仅具有导向功能、激励功能、改进功能、决策功能，而且也是考察职业教育实践教学成果最有效的方法。旅游管理专业实践教学评价方法包括以下考量因素。

（一）开放式评价

采用激励评价、延时评价、反思评价、分层评价等方法。例如学生在导游词讲解练习的过程中，如果遇到讲解不流畅，教师可以对学生多给予鼓励，并且用引导的方式协助学生完成讲解练习。在旅游概论等通识性课程的学习中，根据学生的学习能力，分层布置作业，并且分层点评，帮助学生更好地树立学习信心，完成学习任务。

（二）分阶段评价

通过采用评价方式改革，将以往的期末一次性评价，改为平日多次反馈 + 期末综合考评的方式。改变“一考定终身”的单一模式，帮助学生在日常学习中注重积累和学习态度的培养，小步勤反馈，引导学生形成良好的学习习惯，最终的教学效果也会有所提高。

（三）竞赛式评估

将技能大赛机制引入日常的学习生活中，定期进行针对不同技能点的竞赛，阶段性检测学生的学习成果，同时以赛促教，提高学生的竞争意识，辅以小组合作的方式，也增进同学之间的情感交流。

（四）互评与自评

以导游专业中的旅游线路设计为例，在小组完成项目任务后，进行分层次评价。首先进行小组自评：各组组长向全班汇报、展示本组设计的最终作品，并配合预先制作的小组

① 《山西旅游职业学院高等职业教育质量年度报告 2019》。

自评表，介绍本组项目作品的设计思路、设计过程中遇到什么问题及解决方法等。通过小组自评，学生积极参与到学业评价中，有助于培养学生的自我反思能力、合作精神、自主学习和解决问题的能力。第二步进行项目互评——就是一组作品展示和自评时，其他各组进行点评、提问与评分，从而达到互相评价、互相学习的目的。组织学生开展互评，在互评中相互学习、相互促进、共同提高，为学生奠定终身学习的基础。

以青岛旅游学校为例①，学校制订《学生学业质量评价改革实施方案》，注重激励性评价对培养学生终身学习能力的推动作用，建立学生的评价信心，鼓励、引导学生进行师生互评、学生互评和学生自评的评价模式以激发学生的学习潜能，促进学生全面发展，最终培养终身学习能力。评价方案以培养学生“实践能力”和“创新精神”为宗旨，以提高学生学习能力、改善学习习惯、巩固专业思想、树立终身学习意识为目标，改革评价内容、评价方式、评价工具、评价主体，加大过程性评价，充分发挥评价的导向、激励和引领作用。有效的教学评价增强学生的学习兴趣，增强内在驱动力，提高学习能力，达到培养终身学习能力的目的。

第五节 教学成果

教学是旅游职业院校的生命线，是职业院校工作的中心，面对瞬息万变的旅游行业和旅游职业教育的状况，必须要摈弃陈腐和过时的教育教学理念。2018 年旅游职业院校奋力拼搏，在旅游教育人才培养、专业建设、实践教学、职业集团和课程标准等许多方面取得了优异的成果。

一、国家级教学成果奖

职业教育国家级教学成果奖每四年评审一次，2018 年职业教育国家级教学成果奖立项 452 项，其中特等奖 2 项，一等奖 50 项，二等奖 400 项。其中，旅游类教学成果奖立项 28 项。一等奖 2 项，高职院校 1 项，高职和中职院校合作 1 项；二等奖 18 项，高职院校 9 项，中职院校 8 项，高职和中职院校合作 1 项。

表 3–10 2018 年职业教育教学成果奖旅游大类项目获奖名单

奖项等级	成果名称	成果完成单位	成果单位级别
一等奖	国际旅游城市高职酒店管理人才进阶培养模式改革与实践	桂林旅游学院、希尔顿酒店管理（上海）有限公司、万豪酒店集团、香格里拉大酒店（桂林）有限公司	高职
	德知技融合、因类施策、多元发展——整体提高职业学校人才培养质量的江苏实践	江苏省扬州旅游商贸学校、江苏理工学院、江苏省常熟中等专业学校等	中职、高职

① 《青岛旅游学校 2018 年度职业教育质量年度报告》。

续表

奖项等级	成果名称	成果完成单位	成果单位级别
二等奖	高职酒店管理专业境外顶岗实习标准及实践体系研究与实践	山东旅游职业学院、索菲特银座大饭店	高职
	高职酒店管理专业现代教学体系研究与实践	南京旅游职业学院	高职
	行业升级背景下产教协同共建湘菜产业专业群的探索与实践	长沙商贸旅游职业技术学院、湖南省湘菜产业促进会	高职
	基于活动管理的高职会展专业一体化教学模式改革	上海旅游高等专科学校	高职
	旅游专业群“多元协同、全程融入、能力递进”创新创业育人模式构建与实践	广东轻工业职业技术学院、广东省中旅导游有限公司	高职
	民族地区高职特色旅游人才“一路径、双融入、三引领”培养模式的探索与实践	黔东南民族职业技术学院、港中旅酒店有限公司	高职
	标准引领、课程创新、平台集成，培养高职国际化的文化创意特色旅游人才	成都职业技术学院、成都文化旅游发展集团有限责任公司、北京巽震数码科技有限公司	高职
	政府统筹、龙头引领、共育乡村旅游人才，职业教育集团化办学的创新与实践	成都职业技术学院、成都文化旅游发展集团有限责任公司、成都世纪城新国际会展中心有限公司世纪天堂洲际大饭店等	高职
	中职校“三化五路三景”国际化人才培养体系的构建与实践	常州旅游商贸高等职业技术学校、江苏省教育国际交流服务中心、中国民俗学会餐饮文化研究专业委员会、常州富都青枫苑宾馆有限公司 / 常州香格里拉大酒店、常州旅游文化研究院、常州蒲公英国际旅行社有限公司	高职
	中餐烹饪教学标准的推广与实践——鲁班工坊英国案例	天津市经济贸易学校	中职
	中餐烹饪专业三级融合综合实训项目体系的开发与实践	北京市劲松职业高中	中职
	基于海派餐饮文化的中职烹饪专业人才“精致化培养”探索与实践	上海市商贸旅游学校	中职
	基于效能提升的中职酒店实习教学体系构建与实践	广东省旅游职业技术学校、广州南沙大酒店、北京第二外国语学院、广州蓝豆软件科技有限公司	中职
	标准引领 工学轮转 大师带动 基地融合——烹饪专业人才培养模式创新与实践	武汉市第一商业学校	中职
	中职茶艺与茶营销专业“二合一·三阶段·双情境”人才培养模式探索与实践	广州市旅游商务职业学校	中职
	导游服务专业“FACE 型教学做一体化”人才培养模式探索与实践	海南省旅游学校	中职

续表

奖项等级	成果名称	成果完成单位	成果单位级别
二等奖	大师工作室引领下的非物质文化遗产传承人培养实践与创新	苏州旅游与财经高等职业技术学校、四川省旅游学校等	高职、中职
	基于学习成果的职业教育课程标准开发与实践	沈阳市旅游学校等	中职

资料来源：教育部2018年职业教育国家级教学成果奖名单。

本次教学成果奖旅游类获奖项目有聚焦在特定的旅游领域的，比如，湘菜、中餐烹饪、茶艺；有的聚焦在旅游人才培养模式、教学体系、教学标准等旅游大专业的研究上。从成果来看，聚焦旅游大专业的成果占六成左右。

（一）优秀案例

桂林旅游学院酒店管理学院刘澜江教授主持完成的《国际旅游城市高职酒店管理人才进阶培养模式改革与实践》荣获职业教育国家级教学成果一等奖。该项目是刘澜江教授领衔的教学团队，以12项省部级及以上教学改革课题研究积累为基础，历时七年半教学实践，聚焦当前高职院校酒店管理人才培养痛点、难点问题，创造性地构建了酒店管理专业“五融五共三层次”进阶人才培养模式。即校企双方要在“理念、团队、技术、标准、管理”五方面深度融合，共建、共育、共评、共管、共赢，联合开发兼顾行业需求和学生个性化发展的“三层次”进阶课程体系，有效解决酒店管理人才供给与产业需求结构性矛盾的难题，实现酒店管理专业人才培养目标有效对接社会经济建设发展的需要。项目依托桂林作为国际旅游胜地得天独厚的优势，产教深度协同育人。创新了酒店管理人才培养理念，有效解决了产业需求侧和人才培养供给侧“两张皮”的问题，满足了学生个性发展和职业成长需求，促进了教育链、人才链与产业链、创新链有机衔接，实现了行业院校与地方经济社会发展的共生共长。

江苏省扬州旅游商贸学校参与的《德知技融合、因类施策、多元发展——整体提高职业学校人才培养质量的江苏实践》课题组荣获职业教育国家级教学成果一等奖。该课题针对职业学校普遍的“德知技相分离、培养模式趋同和一选决定终身”三大教学问题，课题组设计出整体提高职业学校人才培养质量的方案，制定了职业学校教学质量标准，并选取位于苏南、苏中和苏北地区的12所职业学校作为观测点，跟踪观察教学改革进程，以点带面，指导全省职业学校育人实践。课题主要观点有：一是践行立德树人，构建“三段渐进、四条途径、全程体验”的职业道德教育模式。“三段渐进”，即在三个年级安排侧重点不同的职业道德教育内容。“四条途径”，指以专题教学、专业渗透、校园文化和社会实践四类活动作为对学生进行职业道德教育的途径。“全程体验”，即职业道德是职校学生三年里都要学习的内容。二是指导不同学校确定“各从其类、满足需求”的发展目标。该项目还鼓励、支持和指导不同职业学校因校制宜、因业制宜、因生制宜，确立学校发展目标，开展教育教学改革。如需把学校发展与学生的个人需求结合起来，为学生创设升学、就业、创业三条通道。三是构建“课证行赛、层类交互、学用融合、多导多选”的课程体系及实施程序。“课证行赛”就是把职业证书要求、行业岗位标准、技能大赛内容和学校课程融合在一起；“层类交互”指的是课程内容既有层次上的国家课程、地方课程、校本课程，也有类型上的专业课、基础课、文化课。四是开发课堂教学模式，从课堂教学目标、教学理念、教学时空、教学形式与教学资源五方面体现“三位一体”。五是注重过程、着眼长远，提供多元化制度安排，助力学生的生涯发展。

此次国家级教学成果一等奖的获得，实现了旅游职业类院校新的突破，既是相关学校多年来高度重视教育教学改革工作的结果，也是学校长期致力于服务地方经济社会发展的结果。

（二）研究分析

1. 研究主题分析

梳理 28 项旅游类国家级教学成果奖可以发现，立项的主题呈现出主题相对集中的特点。获奖成果最多是以“旅游职业人才培养模式”为主题的课题，共有 10 项。除了桂林旅游学院、江苏省扬州旅游商贸学校获得了两个一等奖之外，成都职业技术学院和常州旅游商贸高等职业技术学校两所学校就国际化人才的培养给出了具体的路径，前者就如何培养高职国际化的文化创意特色旅游人才提出了“标准引领、课程创新、平台集成”思路，后者围绕着中职校国际化人才培养体系的构建与实践提出了“三化五路三景”的探索。上海市商贸旅游学校和广州市旅游商务职业学校两所中职院校获得了国家级教学成果二等奖，他们都是围绕着旅游专业技能的提升给出了相应的人才培养模式探索和实践。

除了人才培养模式主题，天津市经济贸易学校以“中餐烹饪教学标准的推广”、沈阳市旅游学校等以“职业教育课程标准开发与实践”为主题，围绕着“教学标准”方面展开了探讨。山东旅游职业学院、广东省旅游职业技术学校和北京市劲松职业高中分别围绕着“旅游专业实习实训”等方面进行了研究。另外，成都职业技术学院围绕着“共育乡村旅游人才，共建职业教育集团”进行了探索。

从研究主题来看，获奖教学成果紧紧围绕着“人才培养”的主线，就专业教学、实践教学等方面专业、科学的探讨，取得了优异的成果。但研究主题还是稍显单薄，结合职业教育宏观政策、旅游产业新业态新发展等方面还需细化和拓展。

2. 研究专业分析

2018 年获得国家级教学成果的 28 个奖项中，既有围绕着旅游职业教育的宏观分析，也有围绕着专业建设的微观研究。其中，以酒店管理专业为研究背景的课题有 5 项，分别对“酒店管理人才进阶培养模式改革”“酒店管理专业实习标准及实践体系研究”“酒店管理专业现代教学体系研究”等方面进行了探讨。以烹饪营养专业为研究背景的课题有 5 项，分别对“中餐烹饪教学标准的推广与实践”“中餐烹饪专业实训项目体系的开发与实践”和“海派餐饮文化的中职烹饪专业人才培养”等方面进行了研究。除了这两大研究专业之外，导游服务专业研究课题1项，围绕着“教学做一体化”人才培养模式进行了探索；会展管理专业研究课题1项，围绕着“会展专业一体化教学模式改革”进行了研究。

从研究专业可以看出，获奖教学成果重点围绕着酒店管理专业和烹饪营养专业，这也是与目前旅游职业院校的发展现状和招生人数密切正相关，但导游服务、会展服务与管理、景区服务与管理、旅行社经营管理、景区开发与管理、休闲服务与管理和餐饮管理等旅游大类相关专业教学成果明显不足，这也可以成为旅游职业院校下一步需要探索的方向。

二、省部级教学成果

2018年课题组通过问卷调研①，针对开设旅游相关专业职业教育的131所高职和116所中职，共计247所院校进行了针对性的数据统计。数据表明：76所院校获得了94项省部级教学成果，获奖院校占全所调研院校的30.8%，平均每所获奖院校获奖次数为1.24项。其中26所院校获得2项及以上省部级教学成果，郑州旅游职业学院以10项奖项排在第一名，商丘职业技术学院以9项居于次席，山西职业学院获得5项排第三，青岛酒店管理职业技术学院和商丘商贸学校以4项排在并列第四名。

2018年郑州旅游职业学院旅游管理和酒店管理两个专业被评为全国旅游职业院校专业示范点②，酒店管理、旅游管理、旅游英语、空中乘务4个专业成功申报省级骨干专业。截至2018年底，学院中央财政支持重点建设专业2个、全国职业院校旅游类示范专业点2个，国家旅游局旅游职业教育校企合作示范基地1个，省级示范性实训基地6个、旅游类“双师型”教师培养培训基地1个，省级专业综合改革试点6个、省级特色专业4个、省级骨干专业4个，省级优秀教学团队1个、省级优秀基层教学组织1个，省级精品课程1门、省级精品资源共享课程1门。学院取得了多项省部级教学成果，专业建设取得了丰硕成果。

青岛酒店管理职业技术学院大力推进课程、实践教学条件建设③，截至2008年底，学院建有国家在线开放课程2门，省级以上精品课程37门，省级精品资源共享课13门；国家级教学资源库2个，省级教学资源库2个；拥有国家教学成果奖项，省级教学成果奖13项；省级教改立项25项；省级及以上优秀或规划教材22本；中央财政支持实训基地1个；省级重点实验实训室1个。

2018年，我国旅游职业教育教学成果取得了新的发展，下一步，既需要广大旅游职业院校在现有成果的基础上认真研究，精耕细作，提升现有成果的价值，并且在此基础上做好相应教学成果的共享、转化和落地工作，又需要面对教学新领域中的新问题、新变化做出更优异的研究成果。

① 课题组问卷调查数据。
② 《郑州旅游职业学院高等职业教育质量年度报告2019》。
③ 《青岛酒店管理职业技术学院高等职业教育质量年度报告2019》。

第四章　学生发展

第一节　思政教育

高职院校思想政治教育就是为了让学生素质、生理、心理等各方面健康发展而存在的，它的目标是要实现思想教育、道德教育、政治教育、人文素质教育“四位一体”，把职业素养、社会主义核心价值观和创新精神内化到学生的思想世界中，并落实到实际生活中，从而教化学生创造幸福，提高人的素质，不断促进并提高学校管理水平的同时，提高大学生的幸福指数，实现自我人生价值。所以把教育寓于形式多样的活动中科学有效地管理，灵活应用思想政治教育理论，从而提高在校生的幸福指数，促进学生的管理。

习近平总书记强调，高校思想政治工作关系高校培养什么样的人、如何培养人以及为谁培养人这个根本问题。要坚持把立德树人作为中心环节，把思想政治工作贯穿教育教学全过程，实现全程育人、全方位育人，努力开创我国高等教育事业发展新局面①。这既是国家对各层次各类型教育的总体要求、根本要求，也是具体要求、现实要求，必将深刻影响各类教育特别是高等职业教育的办学方向和人才培养模式。

实践深刻表明，思想政治理论课是落实立德树人根本任务的关键课程，在大中小学循序渐进、螺旋上升地开设思想政治理论课非常必要，是培养一代又一代社会主义建设者和接班人的重要保障。把思政课办得越来越好，是时代赋予我们的光荣责任。

一、课程开设

长期以来，受各种因素的影响，高等职业教育一定程度上存在重“重技能轻知识、重能力培养轻品质养成”的现象。党的十八大以来，特别是2016年全国高校思想政治工作会议召开以来，“立德树人”作为教育的根本性要求得到进一步强化。中国特色职业教育要走向世界舞台中央，必须坚持围绕立德树人的根本任务。

（一）开设院校

为了更好地掌握旅游职业院校思想政治教育现状，2018年课题组通过问卷调研②，

① 2018年12月全国高校思想政治工作会议习近平总书记讲话。

② 课题组问卷调查数据。

针对开设旅游相关专业职业教育的 131 所高职和 116 所中职，共计 247 所院校进行了针对性的数据统计。数据表明：217 所院校开设思政教育类（含职业精神、职业素养等内容）相关课程，占调研院校的 87.99%；30 所院校没有开设，占到调研院校的 12.01%。

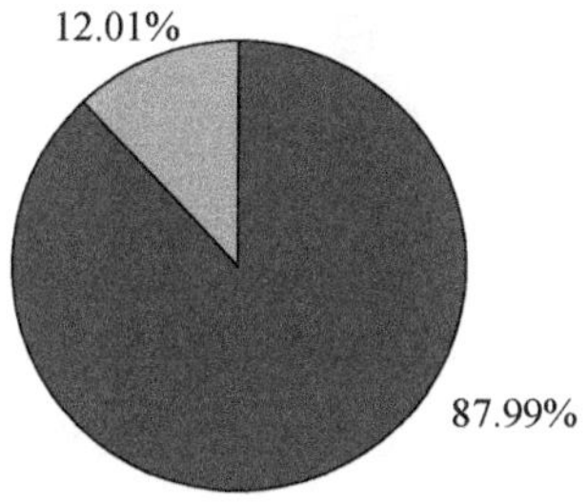

图 4–1　国内旅游职业院校开设思政课教育调研情况

党的十八大以来，以习近平同志为核心的党中央全面加强党对教育工作的领导，坚持立德树人，先后召开全国高校思想政治工作会议、全国教育大会等重要会议，深刻回答了事关高等教育事业发展、高校思想政治工作、办好人民满意的教育等一系列重大问题。

对于旅游职业院校来说，必须根据党和国家的新形势、新政策、新要求，不断调整课程体系、管理服务体系、校园文化育人体系，全面推动社会主义核心价值观进教材、进课堂、进学生头脑，在重视职业知识、职业能力的同时，将思想政治教育和职业精神放在更加根本和重要的位置，建立起适应新时代需要、符合全域旅游发展需要的旅游职业教育人才培养模式。另一方面，随着我国经济社会发展进入新时代，我国经济由高速增长阶段转向高质量发展阶段，对人力资源素质和教育质量提出了更高的要求。要建设现代化旅游经济体系，必须把提高人力资源供给体系质量作为主攻方向。这就更加需要旅游职业教育坚持立德树人，创造适应新需求的有效教育供给。因此，旅游职业院校要从党和国家事业发展的全局出发，深刻理解办好思政课的重大意义，明确提出了推动思政课改革创新的重大要求，坚定了全覆盖、全过程地把思政教育贯穿到日常教学教育过程当中。

（二）课程性质

2018 年课题组通过问卷调研，对开设思政教育相关院校进行了课程性质的调研[①]，数据如图 4–2 所示。

① 课题组问卷调查数据。

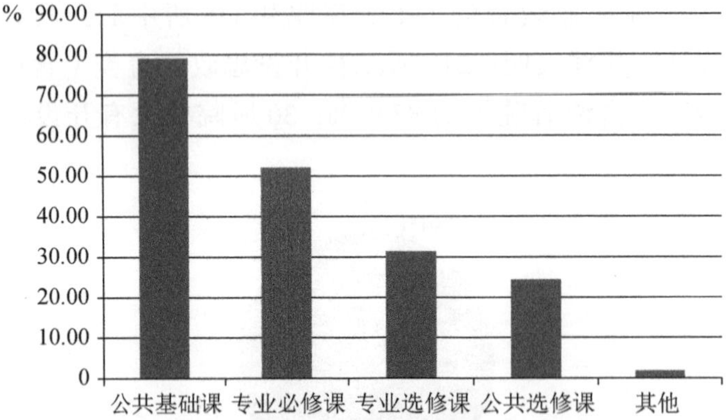

图 4-2　思政类课程性质

调查数据显示：开设思政教育相关课程的院校中，78.97% 的院校把思政教育落实在公共基础课中，这是贯彻习近平总书记“把思想政治工作贯穿教育教学全过程”理想的重要举措[①]。旅游职业院校就应全面推动习近平新时代中国特色社会主义思想进教材进课堂进学生头脑，在坚定理想信念、厚植爱国主义情怀、加强品德修养、增长知识见识、培养奋斗精神、增强综合素质上下功夫，把建设一支高素质的思政课教师队伍作为关键，以高水准教材为遵循，以高水平教学资源为支撑，以高质量示范课堂为抓手，以高效率工作机制为保障，以高标准教学质量为目标，深入推进思政课思路创优、师资创优、教材创优、教法创优、机制创优、环境创优，进一步完善顶层设计、优化工作格局、加大精准施策力度，以全面解决好培养什么人、怎样培养人、为谁培养人这个根本问题，高质量办好新时代高校思想政治理论课，不断提升大学生对思政课的获得感，培养德智体美劳全面发展的社会主义建设者和接班人。

“课程思政”是高校以习近平新时代中国特色社会主义思想为指导，以习近平总书记关于教育工作的重要论述为根本遵循，落实立德树人根本任务的重要举措，是构建德智体美劳全面培养的教育体系和高水平人才培养体系的有效切入，也是完善全员全程全方位“三全育人”的重要抓手。

为贯彻落实习近平总书记在全国高校思想政治工作会议讲话精神，以及教育部《高校思想政治工作质量提升工程实施纲要》文件要求，构建全员、全程、全课程育人格局，将各类课程与思想政治理论课同向同行，形成协同效应，各级旅游职业院校把“立德树人”作为教育的根本任务，充分发挥教师利用课堂主渠道，加强学生思想政治教育的积极性和主动性，在培养政治坚定、业务精湛、作风优良、纪律严明的旅游人才方面做出踏实的工作。据调研组数据显示[②]：开设思政教育相关课程的院校中，52.03% 的院校把思政教育落实在专业必修课中，31.37% 的院校落实在专业选修课中，还有 24.35% 的院校落实在公

① 全国高校思想政治工作会议习近平总书记讲话。

② 课题组问卷调查数据。

共选修课上。这是贯彻习近平总书记“把思想政治工作贯穿教育教学全过程”中的重要实践。

课程思政是广泛意义上的思想政治教育，是进一步把思想政治教育贯穿于教育教学的各个过程中，探寻，研究，实践更多、更好的适合当代学生特点的思政课堂和课堂思政的教学方式，它不仅仅是简单的教学技巧、教学方法的比赛，更是现代教学理念和新时代教学思想的一种实践和研究探索。2018 年全国多所设有旅游专业的职业学院在课程思政方面做了大量行之有效的实践。

黑龙江旅游职业技术学院 2018 年积极开展思政课理论与实践教学改革①，创新思想政治教育载体，做到全方位、全员、全过程育人。开设《四进四信》《新时代家国情怀》《龙旅讲坛》等多形式的专题讲座，并将思想政治理论课的实践教学开在爱国主义教育基地、省博物馆、侵华日军七三一部队罪证陈列馆、东北抗联纪念馆，通过亲身实践体验，让学生在心灵受到深深的触动的同时，更加坚定他们的爱国、报国之心。

重庆市旅游学校落实“立德树人”根本任务，把思政工作摆在更加突出和重要的位置，以推进书记校长引领思政课建设，实施思政课改、加强课程思政、打造思政之师等方面为关键着力点，深入践行社会主义核心价值观，推动“善美”文化在德育教育教学中实践，构建起“大思政课”体系，努力推动学校育人水平稳步提升，引导学生“扣好人生第一粒扣子”，培养德智体美劳全面发展的社会主义建设者和接班人。

2018 年，上海旅游高等专科学校为贯彻落实全国高校思想政治工作会议精神，全面启动校级课程思政教学改革试点工作，坚持把“立德树人”作为中心环节，把思想政治工作贯穿教育教学全过程②。结合学校（院）的办学理念和专业特色，在课程思政试点改革方面学校（院）重点推进四大任务：一是围绕马克思主义中国化最新理论成果，继续深化思想政治理论课程教学改革；二是结合现代旅游产业和社会经济发展的特点和趋势，开设中国系列课程——《美丽中国》等；三是以《旅游职业素养》课程为试点，进一步深化综合素养课程内涵建设；四是以《旅游概论》《旅行社财务会计及实验》《中外饮食文化》《茶艺》等专业课程为首批试点，挖掘专业课程德育元素和育人功能。在思政教育的学习平台上，充分利用网络新频道，在“微”时代形势下还需要调整步调，开拓互联网新视域，实现思政教育由线下向线上的同步转变，以更加高效的方法探究网络思政教育发展新前景。

南京旅游职业学院依托丰富的旅游行业资源，推行思政课改革③。在教学模式上，总结为“听、说、读、写、看、走”，走出校园，走出课堂，走进社区，走进景区，走进校外实践基地，就是在行走中学习，在游历中体验。在实践教学上，结合旅游行业发展实际，将思政课理论知识与红色旅游景区文化以及旅游行业实践相结合，积极推进思政实践基地“两升一创”建设，将中华门城堡景区等作为中国特色社会主义文化教育基地，增进学生对新

① 《黑龙江旅游职业技术学院高等职业教育质量年度报告 2019》。

② 《上海旅游高等专科学校高等职业教育质量年度报告 2019》。

③ 《 南京旅游职业学院高等职业教育质量年度报告 2019》。

时代中国特色社会主义新文化的理解。在思政课程评价上，学院借鉴世界旅游组织教育质量认证中新思路，提出了以强化学生对道德的实际运用能力为核心，建立起从雇主、学生、课程、教师，到行政管理的全过程考查体系，强调教师课堂教学及学生社会活动都要体现道德教育的印迹，要重视道德教育的全程融入与全程管理。通过对相关体系标准的学习借鉴，学校形成了多教学主体协同、多种教学方式综合施教，全过程考查的思想政治课程实效，达到了让学生树立正确“三观”热爱本职行业，服务旅游幸福产业的人才培养目标。

太原旅游职业学院全面贯彻党的教育方针和十九大精神，推进思想政治理论课改革，进一步规范课程建设，进一步推动思政课模块化专题式教学改革，通过多举措并举，思政课课程建设水平和教育教学质量得到明显提高。主要做法有：一是加强《形势与政策》教学，提高学生对时政的洞察力，加强《形势与政策》课程教学，要求学生要关心国内外大事，将国家大事、世界形势、国际热点、时事政策等相关内容及时传达给学生，从而激发他们成才的动力；二是积极改进教学手段，力争改变教学满堂灌、填鸭式的模式，充分利用网络、电视、报纸、杂志等平面、立体媒体，及时掌握党和国家大政方针的最新动态，在全面探讨、把握的基础上，在日常教学活动中及时转达给学生；三是丰富校园文化生活，滋养学生的道德情操。学院开展了大学生假期社会实践调查活动，使学生走向社会，了解社会，帮助同学们增长学识，拓展知识，开阔视野，丰富了同学们的课余生活。

“课程思政”是高校教育理念变革，“思政课程”到“课程思政”转化的理论基础是实现课程系统性与协同性的耦合、科学教育与人文教育的融通。高度上，围绕着“培养什么人，是教育的首要问题”，“课程思政”旨在将思想政治教育有机融入旅游各门课程的教学和改革，实现知识传授与价值引领的有效结合，实现立德树人的润物无声，进而实现培养旅游行业应用型人才的根本任务。深度上，“课程思政”是构建“两个体系”的有效切入点。当前，“课程思政”应以课堂教学为切入点，以教师作为思想政治教育工作的最活跃要素，着力优化课程设置，修订专业教材，完善教学设计，把思想政治工作体系贯通学科体系、教学体系、教材体系、管理体系等。广度上，“课程思政”是完善“三全育人”的重要方面。“课程思政”不是哪一门课或哪一个部门的事情，而是全体教师的共同责任，涉及教育教学全过程各方面，旅游职业院校教师应自觉承担起举旗帜、聚人心、育新人、兴文化、展形象的使命任务，培养更多既有良好职业道德，又有高尚爱国情怀和高水平职业技能的旅游服务人才。

二、第二课堂

第二课堂是学生创新能力和素质拓展的重要载体，第二课堂的发展在旅游职业院校专业教学中具有积极的促进作用，是开展大学生思想政治教育的重要阵地，在旅游职业院校思想政治教育中发挥着重要的延伸和补充作用。根据调研，许多院校通过不断实践，探索出许多第二课堂在思想政治教育中的新途径和新方法，对于高职院校思想政治教育工作起到了积极的推动作用。

南京旅游职业学院强化学生素质养成，丰富第二课堂活动[①]。学院积极开展形式多样、富有特色的校园文化活动，融知识性、艺术性于一体，为学生搭建了良好的素质培养平台；举办了“旅苑我亦思”“南旅大讲堂”“校园运动会”“大学生艺术节”“体育文化节”社团活动等一系列的校园文化活动，为学生提供了挑战自己、展示才艺、交流沟通的优质平台；召开“共青团南京旅游职业学院第一次团、学代表大会”、开展“一学一做”榜样在身边交流会、“铭记历史，勿忘国耻，缅怀先烈，爱我中华”“争做文明南旅人”“一二·九大合唱”“升旗仪式”“清明祭英烈，共铸中华魂”等主题教育活动，引导大学生践行社会主义核心价值观，进一步激发同学成才报国的爱国情怀，丰富了学生课余生活。

三亚航空旅游职业学院高度重视校园文化活动，注重发挥“第二课堂”育人效果[②]。学院坚持以重要节庆日、重大事件、重大活动为契机，积极开展以立德树人为根本，以理想信念教育为核心，以社会主义核心价值观为引领，以学生全面发展为目标的特色鲜明、健康向上、丰富多彩的主题教育活动、校园文化活动。如为庆祝海南建省办特区 30 周年、建设自贸区，举办了第十一届校园歌手大赛、“文明青年号”板报评比活动；组织了海南省首届核安全知识演讲大赛、海南省大学生禁毒演讲比赛、大学生心理健康活动月、迎新晚会、校运会等校园文体活动。除此之外，学校还以提高学生文明素养为重点，多举措加强学风、校风建设，以立德树人为根本，以学生为中心，围绕思想道德教育、校园文化建设、校园环境建设等，深入开展“文明校园”“优秀班级”“文明寝室”创建活动，坚持推行“图书馆日”制度、系服日制度、早操制度、晚自习制度、仪容仪表规范整顿，使学生形成良好的学习、作息习惯，塑造学生职业化形象。

上海旅游高等专科学校注重第一与第二课堂相融合，加强职业生涯教育个性化，增强学生就业竞争力[③]。学校以旅游教育为核心能力，以培育“具有国际视野的高水平应用型人才”为人才培养的目标，在完成“就业指导与创新创业教育”必修课的教授工作的同时，充分利用第二课堂平台，通过班团活动拓展、企业来校宣讲会、业内企业参观考察等方式帮助学生加深对行业的认知，明确职业定位。2018 年举办企业宣讲、行业讲座和专家访谈 20 余场，参观企业 10 余家，3000 余人次积极参与；通过升学指导、海外交流与实习项目宣讲会等方式，鼓励学生考研、升本、参加国际交流实习项目，帮助学生拓宽就业途径；通过组织带领学生参加 2018 年上海市大学生模拟求职大赛、上师大第七届模拟求职大赛、上师大第十届职业规划大赛以及上海市第十一届大学生理财大赛等大型赛事进一步拓宽视野，帮助学生进一步提升就业竞争力。

---

① 《南京旅游职业学院高等职业教育质量年度报告 2019》。
② 《三亚航空旅游职业学院高等职业教育质量年度报告 2019》。
③ 《上海旅游高等专科学校高等职业教育质量年度报告 2019》。

旅游管理专业开展“第二课堂”是为了适应新形势下落实立德树人根本任务的根本要求，响应国家号召，贯彻落实加快培养思想觉悟高、专业技能过硬的应用型人才政策的重要举措。旅游职业学院应进一步凝聚旅游管理专业特色，在第二课堂的培养目标、课程体系、教学方法等方面深耕细作，不断延伸补充思政课程和课程思政，以切实扛起抓好思政课建设的政治责任，助力学生全面发展，培养德智体美劳全面发展的社会主义建设者和接班人。

第二节　技能大赛

全国职业院校技能大赛（简称大赛）自 2008 年开始举办，到 2018 年已是第十一届。大赛的成功举办对职业教育专业教学改革与建设起到了良好的引领作用，促进了人才培养与产业发展紧密结合，营造了“崇尚一技之长，不唯学历凭能力”的良好氛围，推动了职业教育事业不断取得新的发展。[①]。

2018 年全国职业院校技能大赛由教育部联合 36 家部委单位共同主办，于 5 月 6 日至 6 月 30 日在天津主赛区和北京、山西、内蒙古、辽宁、吉林、江苏、浙江、安徽、福建、山东、河南、湖北、湖南、广东、重庆、四川、云南、陕西、甘肃、宁夏等 22 个分赛区分别举行。共有来自全国 37 个地区的 15 640 名选手参加了中、高职组 74 个常规赛项和 8 个行业特色赛项的比赛。其中，旅游职业教育赛项两个，分别是中职酒店服务赛项和高职导游服务赛项。各赛项准备充分，安排有序，亮点突出。现将各赛项比赛概况、竞赛内容、赛项特点和赛项成果总结如下。

一、中职组酒店服务赛项回顾

2018 年全国职业院校技能大赛酒店服务赛项（中职组）于 6 月 11—13 日在内蒙古包头服务管理职业学校隆重举行，来自全国各省、自治区、直辖市、计划单列市、新疆生产建设兵团的 37 个参赛代表队，共参赛选手 106 名汇集内蒙古包头市。经过紧张有序的比赛，全国 37 支代表队 106 位选手中 64 名学生获奖，一等奖 11 名，二等奖 21 名，三等奖 32 名。

本次大赛为期 3 天，大赛分现场实操环节和理论竞赛环节，现场实操环节中，选手展示了中餐宴会摆台与服务及客房中式铺床，理论竞赛环节将进行专业理论口试和专业英语口试。

（一）竞赛内容

本次大赛的竞赛内容的组成与比重具体如表 4–1 所示。

① 中华人民共和国教育部网站. http：//www.moe.gov.cn/jyb_xwfb/xw_fbh/moe_2069/xwfbh_2017n/xwfb_07050402/170504_sfcl02/201705/t20170504_303808.html。

表 4–1 中职酒店服务赛项比赛内容

一级指标	比例	二级指标	比例
现场实操	80%	中餐宴会摆台与服务仪容仪表展示	5%
		中餐宴会摆台与服务实操	35%
		客房中式铺床仪容仪表展示	5%
		客房中式铺床实操	35%
专业理论和专业英语口试	20%	专业理论	10%
		专业英语	10%
总计	100%		

资料来源：国家教育部网站。

专业理论测试（口试）：主要考查选手的专业理论知识、综合分析及服务应对能力。每位选手须回答专业理论 4 道题，其中简答题、应变题各 2 道。时间为 3 分钟。

专业英语测试（口试）：主要考查选手的对客服务英语口语表达能力，每位选手需回答情景对话 5 道题。时间为 3 分钟。

仪容仪表：主要考查选手的仪容仪表是否符合旅游酒店行业的基本要求及岗位要求。在每个现场操作项目比赛之前进行仪容仪表展示，展示时间不超过 1 分钟。

现场操作：现场操作分中餐宴会摆台与服务、客房中式铺床两个竞赛环节。主要考查选手操作的熟练性、规范性、实用性及观赏性。中餐宴会摆台与服务现两个场操作比赛环节时间为 18 分钟；客房中式铺床现场操作环节比赛时间 3 分钟，要求各参赛选手独立完成所有现场操作比赛内容。

（二）赛项成绩

经过紧张有序的比赛，全国 37 支代表队 104 位选手中共计 64 名选手分别获得一、二、三等奖，其中，一等奖 11 名、二等奖 21 名、三等奖 32 名（详见表 4–2）。

表 4–2 2018 年全国职业院校中职组（酒店服务）技能大赛获奖名单

一等奖				
序号	代表队	学校	姓名	指导教师
1	江苏省	苏州旅游与财经高等职业技术学校	李 政	王 宏
2	江苏省	镇江高等职业技术学校	赵周敏	董玮雯
3	江苏省	南京浦口中等专业学校	米心成	管 云
4	浙江省	宁波甬江职业高级中学	李 浪	叶 挺

续表

序号	代表队	学校	姓名	指导教师
5	山东省	青岛旅游学校	李维仪	周伟东
6	山东省	山东省潍坊商业学校	杨　昊	邹　敏
7	山东省	山东省潍坊商业学校	王　欣	范守才
8	山东省	青岛旅游学校	于曜霖	白　睿
9	辽宁省	沈阳市旅游学校	夏　禹	秦玉蓓
10	浙江省	浙江省杭州市旅游职业学校	李劲玮	孙文欢
11	浙江省	宁波东钱湖旅游学校	张　妮	黄　芳

二等奖

序号	代表队	学校	姓名
1	广西壮族自治区	南宁市第一职业技术学校	钟　俊
2	四川省	四川省成都市礼仪职业中学	张　茜
3	辽宁省	沈阳市外事服务学校	赵　杰
4	湖北省	长阳土家族自治县职业教育中心	李双巧
5	浙江省	浙江省杭州市旅游职业学校	刘　鑫
6	广东省	佛山市顺德区中等专业学校	梁文诗
7	河南省	焦作市职业技术学校	赵雅娟
8	广东省	珠海市第一中等职业学校	高　俊
9	浙江省	宁海县高级职业技术中心学校	王雨轩
10	北京市	北京市外事学校	李岚菲
11	广东省	珠海市第一中等职业学校	吕荣欣
12	重庆市	重庆市女子职业高级中学	冯　腾
13	河南省	洛阳旅游学校	潘益川
14	浙江省	浙江省云和县中等职业技术学校	徐雯楚
15	吉林省	吉林女子学校	陈宏宇
16	广东省	深圳市福田区华强职业技术学校	黄弘坤
17	上海市	上海市现代职业技术学校	乔　倩
18	湖南省	长沙财经学校	邓晓凤
19	山东省	烟台临港工业学校	李雨慧
20	辽宁省	沈阳市外事服务学校	甄学阳

续表

序号	代表队	学校	姓名
21	吉林省	长春市公共关系学校	曲书琳
三等奖			
序号	代表队	学校	姓名
1	西藏自治区	林芝市职业技术学校	次仁央青
2	湖南省	长沙市望城区职业中等专业学校	李　胜
3	海南省	海南省三亚高级技工学校	符小米
4	内蒙古自治区	宁城县职教中心	马永春
5	广西壮族自治区	南宁市第一职业技术学校	吕泰诚
6	重庆市	重庆市旅游学校	梁　琴
7	广东省	深圳市龙岗区第二职业技术学校	杨　薇
8	江西省	南昌市第一中等专业学校	叶刘曼
9	陕西省	陕西工商职业学院	常若琪
10	湖南省	长沙市望城区职业中等专业学校	周心怡
11	内蒙古自治区	赤峰第一职业中等专业学校	王若曦
12	四川省	四川省成都市礼仪职业中学	刘旭恒
13	重庆市	重庆市旅游学校	晏钱源
14	江西省	资溪县职业中学	张若彤
15	贵州省	安顺职业技术学院	潘世鹏
16	海南省	海南省海口旅游职业学校	云子倩
17	广东省	深圳市福田区华强职业技术学校	刘婉怡
18	吉林省	长春市公共关系学校	王　聪
19	四川省	富顺职业技术学校	李小玉
20	福建省	厦门工商旅游学校	高子妍
21	辽宁省	大连市旅游中等职业技术专业学校	李文豪
22	福建省	福建省漳州第二职业中专学校	吴一平
23	河北省	石家庄市旅游学校（需初中分离）	麻麒慧
24	河北省	石家庄市旅游学校（需初中分离）	张亚微
25	北京市	北京市外事学校	施苏楠
26	海南省	海南省经济技术学校	吴芳丹

续表

序号	代表队	学校	姓名
27	安徽省	合肥市经贸旅游学校	赵　捷
28	安徽省	滁州市信息工程学校	孙舒文
29	福建省	福建省福州旅游职业中专学校	郑梦影
30	湖北省	武汉市黄陂区职业技术学校	唐雨蝶
31	安徽省	合肥市经贸旅游学校	付婉玲
32	新疆维吾尔自治区	伊宁市职教中心	者文静

资料来源：国家教育部网站。

（三）赛项特色

本项赛事已举办七年，本届是中餐宴会摆台、客房中式铺床合二为一的赛制，体现了较强的特色。

（1）考核全面能力。本赛项检验了中职选手在酒店服务业中专业操作技能的规范性和熟练性、酒店服务意识、现场问题的分析与处理能力、语言沟通表达能力、卫生安全操作意识及心理素质等全方面综合素质。

（2）创新形式办赛。本赛项依据酒店专业教学标准，将新技术、新标准、新规范引入大赛，变化一：个人赛变为团体赛；变化二：中餐组增加了分菜环节；变化三：中式铺床由单床变为双床，同时增加了开夜床项目。创新设计让教学实操更接近于酒店实际工作，促进了酒店专业建设与课程改革，进一步推动酒店职业人才培养和产业发展相结合。

（3）体现多种水平。本赛项反映了国家中等职业教育旅游服务类教学水平，引导了中职院校关注现代酒店服务业发展趋势及对中职酒店人才培养的新需求，促进中职高星级饭店运营与管理专业群更好地开展基于酒店“实际工作过程导向”的教学改革，深化产教融合和校企合作。

（4）推动多面发展。本赛项实现了通过赛事推动职业教育的专业改革与实现产业需求对接、课程内容设置与职业标准对接、专业教学过程与实际生产过程零距离对接的中职旅游服务人才培养目标，提高酒店行业所需高素质技能型人才的培养质量。

二、高职导游服务赛项回顾

2017 年 5 月 19 至 21 日，全国职业院校技能大赛高职组中餐主题宴会设计赛项在青岛酒店管理学院举行。来自全国 83 所高等职业学校的 249 名参赛选手，将围绕中餐宴会接待方案创意设计、中餐主题宴会摆台设计、现场互评、餐饮服务操作和餐饮服务英语口语测试等环节进行激烈角逐，展示良好的专业技能和综合素养。

（一）赛项内容

竞赛内容包括 5 个部分，共四个环节：导游知识测试、现场导游词创作及讲解、自选景点导游讲解、导游英语口语测试、才艺运用，其中第二、三项作为一个竞赛环节在同一场地按序完成，其余三项作为独立环节在各自比赛场地完成。

导游知识测试形式为闭卷考试。题量 100 题，题型包含判断题、单选题和多选题三种。题库量共 1000 题，其中判断题 300 题、单选题 400 题、多选题 300 题，内容包括导游基础知识、导游业务、旅游法规和旅游热点问题。赛前按规定时间公开题库。

现场导游词创作及讲解内容为中国著名旅游文化元素，该部分比赛公开题库，题库包括 100 个旅游文化元素和 15 个团型。选手现场抽选出一个旅游文化元素和一个团型，准备时长 30 分钟，选手独立完成现场导游词创作。30 分钟后上场，在 2 分钟内用中文进行脱稿讲解。

自选景点导游讲解需要选手在赛前根据选题范围准备一段 5 分钟的导游词和相应的 PPT 资料，讲解景点为国家 5A 级旅游景区或世界遗产，用中文进行模拟导游讲解。其中须含欢迎词，欢迎词包含问候语、欢迎语、介绍语、希望语、祝愿语五部分内容。PPT 使用 office2007 版本，制作格式为 pptx，PPT 文件大小不超过 20M。选手所提供所有 PPT 统一设置为自动播放形式，经选手示意后由工作人员在现场点击开始自动播放。PPT 中不允许使用音乐及视频，不允许出现非景区固有的文字或符号等信息提示。比赛过程中不可出现所在院校及选手本人的任何信息，所有选手统一用所在比赛环节抽到的序号做自我介绍。

导游英语口语测试方式为现场对话。测试内容为导游带团过程中的英语情境对话，主要考查选手对游客英语服务的实操能力。该部分比赛前公开题库，题库量为 108 题，选手现场抽取一个题目，准备 30 秒后开始与裁判进行 3 分钟的情景对话。

才艺运用要求选手在 4 分 30 秒内完成带团过程中的导游情境设计描述及应景的才艺展示，才艺须符合导游职业特点，道具应便于随身携带。选手用中文对导游情境设计描述时间为 1 分钟 ~1 分 30 秒，情境设计描述时不可以有背景音乐与视频；应景才艺展示不超过 3 分钟，可提供才艺背景音乐但不支持视频。才艺运用环节音频采用 mp3 格式，每个选手才艺只能有一个文件。此环节选手服装应与导游真实工作情境相符合。经选手示意后由工作人员开始播放音乐。

表 4–3　导游服务赛项内容及权重

序号	比赛内容	权重	比赛时间（分）
1	导游知识测试	15%	60
2	现场导游词创作及讲解	30%	2
3	自选景点导游讲解	35%	5
4	导游英语口语测试	10%	3
5	才艺运用	10%	4.5

（二）赛项成绩

本次大赛为个人赛，共有 91 名选手参赛。经过三天激烈的角逐，本届大赛共评选出一等奖 15 名；二等奖 30 名；三等奖 46 名。优秀指导教师 15 名。

表 4–4　导游服务赛项获奖名单

一等奖				
序号	**代表队**	**学校**	**姓名**	**指导教师**
1	山东省	青岛职业技术学院	丁　麟	赵雪梅
2	天津市	天津职业大学	王　娜	闫立媛
3	山东省	青岛酒店管理职业技术学院	祝心怡	杨　栋
4	湖南省	湖南网络工程职业学院	李青林	彭文喜
5	江苏省	南京旅游职业学院	扈纯婕	孙　斐
6	江苏省	南京旅游职业学院	颜　鑫	金丽娇
7	上海市	上海城建职业学院	张灏筠	吴　茜
8	湖北省	恩施职业技术学院	张艳欣	莫玉鹤
9	江西省	江西外语外贸职业学院	郑雅茜	何秀芬
10	湖南省	湖南网络工程职业学院	易瑾然	彭文喜
11	广东省	广东科学技术职业学院	林淑婷	杨义德
12	辽宁省	盘锦职业技术学院	王　璐	赵　晶
13	辽宁省	大连职业技术学院	毕　玉	孙运英
14	福建省	厦门城市职业学院	林晨熹	孙淑芬
15	上海市	上海济光职业技术学院	刘雨婷	林　俊
二等奖				
序号	**代表队**	**学校**	**姓名**	
1	重庆市	重庆城市管理职业学院	周海润	
2	河南省	河南职业技术学院	徐永远	
3	吉林省	吉林省经济管理干部学院（吉林经济职业技术学院）	王金汉	
4	重庆市	重庆电子工程职业学院	缪远翔	
5	山西省	太原旅游职业学院	贺宏伟	
6	重庆市	重庆旅游职业学院	甘文静	
7	山西省	太原旅游职业学院	杨中霞	

续表

序号	代表队	学校	姓名
8	山东省	青岛职业技术学院	赵佳楠
9	浙江省	浙江旅游职业学院	韩芷怡
10	青海省	西宁城市职业技术学院	梁　璐
11	山东省	山东外贸职业学院	宋雅楠
12	云南省	云南旅游职业学院	杨　红
13	江苏省	扬州市职业大学	吴丹妮
14	广东省	广州番禺职业技术学院	黄月颖
15	广西壮族自治区	柳州铁道职业技术学院	王　俞
16	陕西省	咸阳职业技术学院	杨　熙
17	浙江省	浙江农业商贸职业学院	褚璐姗
18	湖北省	恩施职业技术学院	于　鑫
19	天津市	天津商务职业学院	曹正发
20	北京市	北京青年政治学院	吴嘉寅
21	浙江省	浙江旅游职业学院	赵振全
22	山东省	青岛酒店管理职业技术学院	古一鸣
23	河南省	郑州旅游职业学院	陈秋华
24	安徽省	安徽工商职业学院	叶欣悦
25	安徽省	安徽工商职业学院	甘雅婷
26	湖南省	湖南商务职业技术学院	李　颖
27	山东省	山东商务职业学院	姚晓萌
28	福建省	漳州职业技术学院	徐序珍
29	上海市	上海济光职业技术学院	顾　颖
30	重庆市	重庆旅游职业学院	肖琰琰
三等奖			
序号	代表队	学校	姓名
1	安徽省	安徽机电职业技术学院	严　钰
2	江西省	九江职业大学	占梦灵
3	福建省	闽江师范高等专科学校	林倩倩
4	重庆市	重庆航天职业技术学院	张　滢

续表

序号	代表队	学校	姓名
5	北京市	北京财贸职业学院	李明伦
6	广东省	中山职业技术学院	黄耀新
7	湖北省	湖北三峡职业技术学院	徐重阳
8	福建省	福建船政交通职业学院	朱　辉
9	广东省	广东轻工职业技术学院	杨敏俐
10	浙江省	浙江舟山群岛新区旅游与健康职业学院	朱林涛
11	浙江省	金华职业技术学院	何嘉铭
12	河南省	郑州工程技术学院	陈丹萍
13	江西省	江西外语外贸职业学院	刘　悦
14	江苏省	无锡城市职业技术学院	宗玉青
15	北京市	北京财贸职业学院	罗嘉怡
16	四川省	成都职业技术学院	伍文琴
17	上海市	上海行健职业学院	李瑶华
18	江苏省	镇江市高等专科学校	赵　杰
19	黑龙江省	黑龙江农业工程职业学院	齐　林
20	湖北省	湖北三峡职业技术学院	周　兰
21	新疆维吾尔自治区	新疆师范高等专科学校	赫珍珍
22	陕西省	陕西工商职业学院	苏　悦
23	四川省	绵阳职业技术学院	任小艺
24	河南省	河南职业技术学院	李镜偲
25	天津市	天津青年职业学院	郑　丹
26	黑龙江省	黑龙江职业学院	杨晔菡
27	福建省	福建林业职业技术学院	傅伊萌
28	湖南省	长沙商贸旅游职业技术学院	谢　森
29	福建省	漳州职业技术学院	叶玉莺
30	安徽省	安徽商贸职业技术学院	桂丽娜
31	贵州省	安顺职业技术学院	关韵秋
32	青海省	西宁城市职业技术学院	焦　鑫
33	山西省	山西省财政税务专科学校	胡少敏

续表

序号	代表队	学校	姓名
34	陕西省	陕西职业技术学院	员嘉乐
35	安徽省	安徽工业经济职业技术学院	熊继伟
36	河南省	郑州工程技术学院	应莉霞
37	陕西省	杨凌职业技术学院	倪　婷
38	广东省	顺德职业技术学院	蔡文漩
39	上海市	上海旅游高等专科学校	牟　莉
40	上海市	上海工商职业技术学院	张　琪
41	四川省	成都职业技术学院	刘小铃
42	海南省	海南外国语职业学院	胡舒茵
43	广西壮族自治区	南宁职业技术学院	潘雪怡
44	北京市	北京青年政治学院	张议文
45	吉林省	松原职业技术学院	郑　娜
46	云南省	大理农林职业技术学院	谢　涵

（资料来源：国家教育部网站）

（三）赛项特色

本次比赛为个人赛，同一学校报名人数不超过 2 人。参赛选手必须是高职（高专）全日制旅游大类专业、文化语言类（含外语）专业的正式在籍学生。每个参赛省（自治区、直辖市）配领队 1 名。每名选手可报 1 名指导教师。本赛项作为导游、旅行社相关专业，体现了较强的特色。

（1）全面促进了能力提升。本赛项以导游服务技能竞赛为载体，促进相关院校、学生和教师的相互学习与交流。以赛促学，以赛促教，提升人才培养质量。

（2）搭建了院校交流平台。本赛项进一步促进旅游行业与院校之间的了解，搭建行业名师与参赛选手之间的交流平台，为参赛选手与优秀企业之间构建就业对话平台。

（3）促进了校企地多方融合。本赛项吸引行业企业参与，促进校、企、政之间的深度融合，提高高职教育的社会认可度与影响力，推动专门技能人才队伍的成长与壮大。

三、技能大赛对旅游职业教育发展的影响

全国职业院校技能大赛经过十一年的发展，建成了一个覆盖整个职教战线的竞赛体系，建立了一套保证比赛秩序和公平公正的制度体系，形成了促进产教融合校企合作的运行机制，促成了全社会多方联动支持发展职业教育的新的局面，大赛成效获得了社会的高

度认可。旅游赛项的圆满举办，在推动我国旅游职业教育教学改革、提升社会影响力、推动产学研合作等方面具有重要意义。

全国职业院校技能大赛导游服务赛项作为目前我国旅游教育领域具有重要影响力的品牌赛事，是深入贯彻国家职业教育改革实施方案、加强高技能人才培养的重要举措。赛项的举办，不仅为各位参赛选手搭建了展示技能、成就梦想的广阔舞台，为各省、市、自治区提供了切磋技艺、交流互鉴的良好契机，同时也打开了展示职教改革发展成果的重要窗口，让行业和社会更加了解旅游人才培养，关注旅游职业教育，不断增强职业教育的影响力和吸引力，在社会上进一步营造了“崇尚一技之长，不唯学历凭能力”的浓厚氛围。

全国职业院校技能大赛已经举办了十一届，大赛旨在引领和促进职业院校专业建设与课程改革，拓宽专业教师视野，为各职业院校营造相互学习、交流的氛围契机，有助于进一步深化产教融合、校企合作，提升专业人才培养质量。

全国职业院校技能大赛酒店服务赛项充分反映了国家中等职业教育旅游服务类教学水平，引导中职院校关注现代酒店服务业发展趋势及对酒店人才培养的新需求，促进了中职高星级饭店运营与管理专业的发展。实现了通过赛事推动职业教育的专业设置与产业需求对接、课程内容设置与职业标准对接、专业教学过程与实际生产过程零距离对接的中职旅游服务人才培养目标，提高了酒店行业所需高素质技能型人才的培养质量。

1. 强化职业技能培养，培育学生“工匠精神”

李克强总理在作 2016 年政府工作报告时首次正式提出“工匠精神”，2018 年政府工作报告中再次强调弘扬工匠精神。全国职业院校技能大赛作为国家级职业技能竞赛项目，充分发挥了以技能培养为重点，以工匠精神培育为中心的引领作用，国家级、省级和市校级各级技能比赛加强了技能人才培养选拔、促进了优秀技能人才脱颖而出。旅游职业院校可以利用职业技能大赛这个平台，对学生开展专业技能培训过程中，全面提升学生的职业技能，潜移默化培育学生的工匠精神。

2. 促进产教深入融合，完善人才培养模式

全国导游服务技能大赛的目的是促进校、企、政之间的深度融合，增强旅游高等职业教育的社会认可度与影响力，从而推动旅游技能人才队伍的成长与壮大。依托技能大赛这个平台，加深了职业院校与企业的联系，促进了学校和企业之间进行深入合作、深度融合，实现了人才培养与职业标准的有效对接，促进了学校的专业建设、课程改革、师资队伍等各方面建设工作，从而探索出职业教育产教融合的人才培养新模式。

3. 以技能大赛为契机，全面推动教育教学改革

教育部针对职业院校教育提出了开展职业技能大赛的要求，逐渐形成“校校有比赛、层层有选拔、全国有大赛”的职业技能体系，因此职业技能大赛就成为职业教育教学改革的重要方向。据此，旅游职业院校应把学生技能训练和培养常态化、制度化，把技能实践融入课堂教学过程中，把技能测试、技能考核融入学院的考试制度、评价制度中，逐步构

建完整的技能教学、技能训练、技能竞赛的教学模式，真正做到学生技能人人过关。学校也要进一步完善技能竞赛制度，搭建平台，形成人人参与的局面，让技能竞赛成为学院教学展示的平台、成为师生技能展示的平台、成为职业教育为社会服务展示的平台，从而全面推动教学改革。

第三节　创新创业

党的十九大明确提出“鼓励更多社会主体投身创新创业”，教育部也先后发布一系列重要学习文件，如《关于深化职业教育教学改革全面提高人才培养质量的若干意见》（教职成〔2015〕6号）、《高职职业教育创新发展行动计划（2015—2018）》（教职成〔2015〕9号）、《国务院关于深化高等学校创新创业教育改革的实施意见》（职教成国发办〔2015〕36号）等。旅游业作为国民经济发展的重要产业之一，已成为“大众创业、万众创新”的重要平台，也已成为促进就业、拉动经济增长的主要举措。

一、创新创业教育

为了培养学生的创新创业精神，同时缓解大学生就业难的问题，国务院办公厅印发了《关于深化高等学校创新创业教育改革的实施意见》，全面部署深化高校创新创业教育改革工作。意见提出，当前主要任务和措施是：“完善人才培养质量标准，创新人才培养机制，健全创新创业教育课程体系，改革教学方法和考核方式，强化创新创业实践，改革教学和学籍管理制度，加强教师创新创业教育教学能力建设，改进学生创业指导服务，完善创新创业资金支持和政策保障体系。”

（一）创新创业教育机构设置

习近平总书记提出：“抓创新就是抓发展，谋创新就是谋未来。不创新就要落后，创新慢了也要落后。”因此，培养创新型人才，关键在于创新创业教育。旅游职业教育形式的存在，是产业性和教育特点的结合，主要面向旅游企业服务一线培养技术型和高层次技能型人才。因此旅游创新创业教育体系建设是发挥高职教育社会功能的重要方式。所以，如何构建合理的创新教育模式，完善创新人才培养机制，成为旅游职业教育需要关注的一个焦点。

2018年，课题组通过问卷调研①，共计收到308份有效问卷。开设旅游相关专业创新创业教育专门机构的有158所，机构设置比例为51.3%。还有150所没有设置相应机构，占比为48.7%。

① 课题组问卷调查数据。

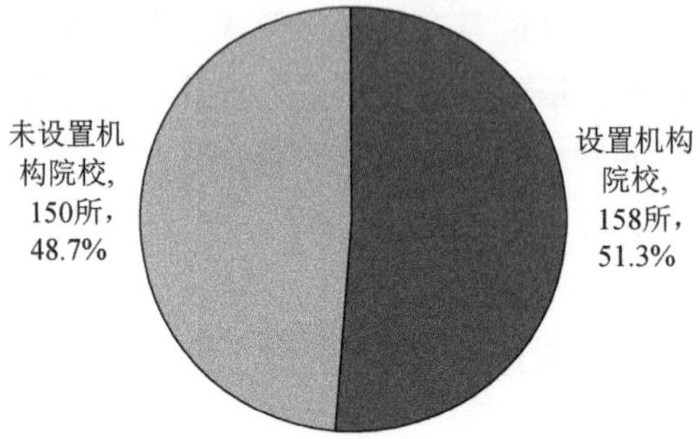

图 4-3　创新创业教育机构设置情况

当前，创新创业教育的理念在旅游高职教育院校已经达成共识，学校注重创新创业教育在旅游高职教育中的重要性，但是支持学生创新创业指导教育机构设置欠缺，创业资金投入不足、配套政策不完善。在专项资金投入方面，分布不均，两极分化严重。在鼓励学生创业方面，只有少部分高职院校已经配套出台了相关创业政策，仍有很多高职院校不支持或不关注学生创业，在一定程度上遏制了学生的创新创业积极性。这些问题的存在，都在呼吁真正适应创新创业教育新模式的出现。

在旅游高职教育体系建设过程中，如何贯彻落实党中央、国务院关于推进创业创新的决策部署，如何完善创业服务体系，降低创业门槛，拓宽大学生创业融资渠道，如何建设旅游创新创业课程体系，把旅游创业创新课程纳入国民教育体系和学分制管理，鼓励在校生参与创业过程等，都将成为旅游职业创新创业教育新模式需要解决的问题。

（二）创新创业课程开设

当前是一个大众创业万众创新的时代，国家大力提倡大学生创新创业，根据国务院办公厅发布的《关于深化高等学校创新创业教育改革的实施意见》，我国到 2020 年建立健全高校创新创业教育体系，使投身创业实践的学生显著增加。许多旅游职业院校出台了多项措施鼓励大学生创新创业，建立了创新创业导师库。但是从调研情况来看，各院校对大学生创新创业教育力度不够，尚未形成较为成熟的创新创业教育模式。在调研的 308 所院校中，开设创新创业教育课程的有 158 所，占 51.3%，还有将近一半的院校尚未针对旅游相关专业开设创新创业类课程（见表 4-5、表 4-6）。

表 4-5　高职院校创新创业课程开设情况统计表（部分）

	院校名称	课程名称
1	河北旅游职业学院	职业生涯规划，创新创业能力训练
2	南京旅游职业学院	大学生创业课程
3	太原旅游职业学院	大学生创新创业
4	江西旅游商贸职业学院	旅游创新创业
5	山东商业职业技术学院	酒店创新创业课程

续表

	院校名称	课程名称
6	无锡商业职业技术学院	餐饮创业实训、创业教育
7	长沙职业技术学院	创业指导，旅行社创业基础
8	扬州市职业大学	旅游策划、调酒与茶艺、民宿运营与管理
9	青岛酒店管理职业技术学院	旅游新业态与创新创业、会展创业教育、创业管理——易学实用的创业真知
10	威海职业学院	SYB 创业课程、大学生创业综合训练
11	无锡商业职业技术学院	餐饮创业实训、创业教育
12	长沙商贸旅游职业技术学院	创业基础、就业指导、职业生涯规划、中小企业创业与经营
13	日照技师学院	导游词创新创作、文创服务创新创业
14	长垣烹饪职业技术学院	菜点创新
15	内蒙古职业技术学院	就业指导、职业生涯规划

资料来源：课题组根据调研数据整理。

表 4-6 中职院校创新创业课程开设情况统计表（部分）

	院校名称	课程名称
1	湖北省旅游学校	就业指导
2	北京市古城旅游职业学校	旅服专业素养
3	大邑县职业高级中学	SYB 创业培训
4	都江堰市职业中学	文创旅游
5	秦皇岛市抚宁区职业技术教育中心	茶艺表演、古筝、打鼓
6	洛阳第一职业高中	乡村旅游与乡村扶贫探索、高级星级管理
7	江苏省扬州旅游商贸学校	中职创新创业、职业生涯规划、SYB
8	大连综合中等专业学校	经济型酒店一本通
9	集安市职业教育中心	民宿经营与管理
10	三门峡市陕州区中等专业学校	自主创业培训

资料来源：课题组根据调研数据整理。

通过统计可知：开设创新创业课程的相关院校中，大多数院校围绕着创新创业展开，依托学院相关专业，如酒店、旅行社、餐饮等设置相关课程，有些院校在专业创新创业教育的基础上进行了细分，如秦皇岛市抚宁区职业技术教育中心在茶艺表演、古筝、打鼓等技能表演方面，日照技师学院围绕导游词创作方面，扬州职业大学围绕调酒和茶艺方面开展。除此之外，部分院校针对当前旅游行业新业态或新趋势，做了创新创业教育的探索，如洛阳市第一职业高中开设的乡村旅游和乡村扶贫探索课程、都江堰市职业中学开设的文创旅游课程、集安市职业教育中心开设的民宿经营与管理课程等。旅游创新创业教育相关关键词词频统计分析如图 4–4 所示。

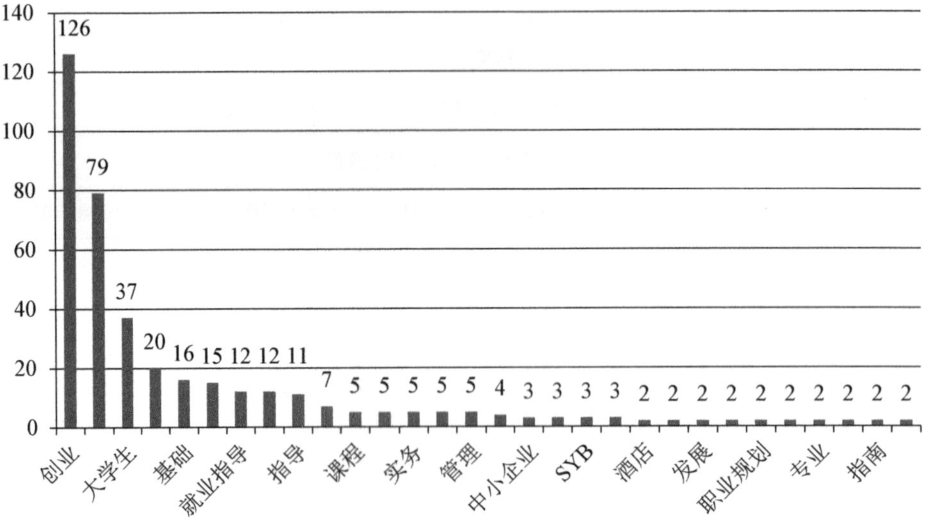

图 4–4　旅游创新创业教育相关关键词词频统计

切实贯彻创新创业理念，将创新创业的理念真正融入课程设置，不仅开设专门的创新创业课程，更重要的是在专业课教学中也要融入创新创业的理念。项目化、模块化、任务引领等教学方式都是贯彻创新创业理念的很好手段和方式，专业课程的教学设计既要注重专业基础理论的灌输，也要将职业道德、职业习惯、职业能力、创新创业意识培养等融入其中，要注重学生行业认知能力和行业实践能力的提升，提高学生的行业留用率和职业发展能力。

创新创业课程体系的建立和完善是进行创新创业教育的基础。2018 年许多院校做出了改革。南京旅游职业学院在创新课程方面面向全校学生开设公共必修课程①。“职业生涯规划”和“就业与创业指导”，定期举办企业文化进校园、烹饪美食节等主题活动，举办“创新创业课程设计”大赛、“成才杯”职业技能大赛和大学生创新创业等大赛，组织创新创业培训，通过头脑风暴、创业策划书编写、产品海报制作、参赛作品展示等环节，充分调动师生创新创业热情，强化学生职业技能训练，创新“赛教学研”一体化人才培养模式，有效提高学生的创新精神、创新意识和创新创业能力。酒店管理学院代表队获得首届“万礼豪程未来职业挑战赛”总决赛亚军，是 81 所参赛院校中唯一进入总决赛的高职代表队。

① 《南京旅游职业学院高等职业教育质量年度报告 2019》。

2018年，山东旅游职业学院[①]在“大众创业、万众创新”的大环境下积极开展创新创业工作，在课程开发上，一方面开设《职业生涯规划与就业指导》《大学生创业基础》等选修课程，另一方面在创业实践上，也将课程和学院相关实训场所相结合。学院相继将休闲吧、兰亭茶社、学而书吧、游客服务中心等实训室交由学生进行经营管理，在专业教师进行技术指导和管理培训的前提下，实现自主经营、自负盈亏。其中，兰亭茶社由茶艺表演队进行管理和服务，主营茶、点心、坚果等食品；学而书吧由咖啡制作小组的学生进行经营管理，主营咖啡、冷热饮、点心等食品，收益良好；休闲吧也由学生进行创意经营。学院百川花园酒店实训中心也对学生开放，学生可以租借场地开展各类宴会、舞会、商演等活动，各类活动策划方案全部由学生自行完成。通过校内创业锻炼，提高了学生对于餐饮、旅行社、展会等行业的认知和领悟，激发了学生创新创业热情，收到了良好的效果。

（三）创新创业教育保障措施

创新创业既是职教理念，也是一种能力。旅游类相关专业在贯彻创新创业职教理念过程中，既要深入分析和研究高职学生的学情，构建有效的专业课程体系，将创新创业的理念融入专业课程教学中，培养学生的自主学习能力和创新创业能力，又要着力打造双师、多能型教师队伍，提高教师的实践教学能力，创新课程教学方式，让学生的想象力、创新性在课堂上得到充分发挥和运用，在课程教学过程中，提高学生的学习能力和创新能力，还要学校多方的保障措施多措并举，多管齐下，才能在制度层面和操作层面相互贯通，确保创新创业教育落到实处。2018年，许多旅游类高职院校针对创新创业教育进行了行之有效的措施，真正为创新创业教育提供了有力的保障。

郑州旅游职业学院成立了以党委书记、院长为主任，各部门主要负责人参与的创新创业工作委员会[②]；出台了《关于做好大学生创新创业工作的实施意见》《郑州旅游职业学校大学生创新创业项目扶持管理办法（试行）》等相关文件，指导学校的创新创业工作；逐步形成了政府、社会、学校、学生四位一体的创新创业工作体系，建立了以学校为主导，各系、各部门通力配合的上下联动机制；将创新创业课程作为必修课纳入教学计划，采取“走出去、请进来”的方式，提高教师业务水平，邀请行业精英、创业成功人士到校为学生进行创新创业讲座；投资500余万元建成了面积1000余平方米的创新创业服务中心，每年举办的创新创业大赛涌现出的优秀项目，经过审批程序落地到创新创业服务中心，起到孵化引领带动作用。截至目前，创业项目糖豆甜品店已投入运营，“Zing-旅味”共享厨房和“葆美时”美丽健康网销平台两个项目入选了2018年郑州地方高校市级大学生创新创业训练建设项目，“Zing-点心”项目入选了2018年郑州地方高校市级大学生创新创业实践建设项目。学校被评为“郑州市创新创业教育示范建设院校”。

2018年，南京旅游职业学院加强了创新创业教育，融入人才培养全过程[③]。学校高度

① 《山东旅游职业学院高等职业教育质量年度报告2019》。
② 《郑州旅游职业学院高等职业教育质量年度报告2019》。
③ 《南京旅游职业学院高等职业教育质量年度报告2019》。

重视创新与创业教育工作，认真贯彻党和国家的相关政策精神，不断加强对学生的创新创业知识教育和创新创业能力活动，将创新创业教育融入到人才培养全过程，在专项引导、保障措施等方面出台相应政策，围绕知识型、技能型、创新型人才的培养，营造创新创业环境。依托产教融合实训平台，深化双创教育模式改革，将创新创业教育融入人才培养方案，完善创新创业教育培训体系，加强“双创”师资队伍建设，定期举办企业家论坛、创业沙龙、创业导师进校园、创青春、互联网 + 等活动共计 42 场，不断提高创新创业教师素质与能力。

二、创新创业成果

创新创业教育已经融入各院校旅游类相关专业的人才培养全过程。据调研，90% 以上开设创新创业教育的院校都开设了创新创业课程，不少院校还开设了专门的就业创业机构，甚至有院校成立了孵化器公司，51% 的院校组织成了学生创业社团。在各类课程和政策的支持下，各院校酒店旅游相关专业成功涌现出了一批创新创业的典型案例。

青岛酒店管理职业学院注重学生创新创业能力培养①，打造专职创业教师团队，安排教师参加创业教育培训，并赴青岛市大学生创业孵化中心挂职锻炼，了解创业政策、争取资金支持、联系创业资源；加强创业课程建设，依托学院品牌活动人文素质大讲坛，定期开展专题讲座，课堂内外全方位深入开展大学生创新创业教育，培养学生的创新创业意识，保证有意愿的学生培训率达到 100%；成立大学生创业社团，丰富创业教育载体，借助校园大卖场“启航杯大学生创业计划大赛”等活动，引导学生开展创新创业项目，提高实战技能。在学院创新创业氛围的引领下，近年学院毕业生纷纷借助国家鼓励创业的大好政策，申请创业项目，涌现出一大批创业明星。本年度，获全国互联网快递大学生创新创业大赛金奖，第十三届全国高等职业院校发明杯大学生创新创业大赛一等奖，第十届山东省大学生科技节创新创业沙盘模拟经营大赛特等奖等荣誉。

2018 年山东旅游职业学院在前期工作的基础上，学生先后获得 2018 年全国高校商业精英挑战赛创新创业竞赛山东总决赛两个二等奖；第十届山东省大学生科技节创新创业模拟经营大赛三等奖；2018 年山东省高校“学创杯”大学生创新创业综合模拟大赛一等奖；第十届山东省大学生科技节创新创业模拟经营大赛一个二等奖一个三等奖；2018 年全国高校商业精英挑战赛创新创业竞赛全国总决赛一个一等奖、一个二等奖。为今后学院的创新创业工作奠定了坚实基础。

上海旅游高等专业学校注重营造创业氛围，开拓创业教育格局，提升学生创新意识和创业能力②。2018 年 3 月至 6 月举办“创梦无界 · 梦圆旅专”第五届大学生创业活动月，筛选 6 支校内队伍进入一年孵化期，给予创业资金和创业场地的支持。经评选审核，2018 年共有 2 支创业团队入驻校内创业基地。学校创业教育活动月经历多年的沉淀、积累，学

① 《青岛酒店管理职业技术学院高等职业教育质量年度报告 2019》。

② 《上海旅游高等专业学校高等职业教育质量年度报告 2019》。

生创业项目在市级以上比赛屡创佳绩。今年先后组织了 53 个项目参加中国第四届“互联网 +”创新创业大赛上海赛区的比赛，参赛队伍数量突破历史新高，凭借精心的组织和扎实的工作，“思迈德研学旅行创业项目”获得上海赛区“青年红色筑梦之旅”赛道银奖。

南京旅游职业学院截至 2018 年校参加各项赛事的创业项目数量共计 287 个。2018 年，学院有 5 个团队获得江苏省大学生创新创业项目立项。出版创新创业类教材 3 部，其中《大学生创新创业实训教程》为江苏省高等学校重点教材，创新创业成果与“旅游 +”新业态融合紧密，《“创新创业 +”的高职旅游人才培养研究与实践》获得教育部旅游行业教学指导委员会教学成果二等奖。

除了旅游高职院校，中职院校也在专业创新创业方面取得了可喜的成绩。青岛旅游学校开设创业教育课程①，指导学生参加创业计划书大赛和跨境电商创新创业能力大赛，成绩突出。制定《POCIB 课程标准》，在商务专业中开设 POCIB 课程和 ERP 大赛相关实训课程，开展进出口贸易模拟创业活动培训，学校在省、市、国家级 POCIB 和 ERP 大赛中成绩名列前茅，2017 年在全国 ERP 技能大赛中夺得了金牌。厦门工商旅游学校积极响应“大众创业、万众创新”号召，搭建创新创业平台，培养学生创新创业能力②。一是建设“格子铺”“夏商班实践基地”等创新创业基地和引入校园 O2O 领跑者上海 59store 的“夜猫店”项目，让学生在实践中学习如何设计和执行销售模式、运营方式、团队管理等内容，培养学生的创新创业能力。二是指导学生参加各种比赛，培养学生的创业意识、创业精神、创新思维和创业能力。

三、创新创业教育存在的问题

早在 2010 年，教育部在《关于大力推进高等学校创新创业教育和大学生自主创业工作的意见》中就指出：“在高等学校开展创新创业教育，积极鼓励高校学生自主创业，是教育系统深入学习实践科学发展观，服务于创新型国家建设的重大战略举措；是深化高等教育教学改革，培养学生创新精神和实践能力的重要途径；是落实以创业带动就业，促进高校毕业生充分就业的重要措施”。

然而，数年过去了，我国旅游职业教育界的创新创业教育虽然也取得了长足的进步，但可以说真正发展成熟、极具推广的模式并不多。主要问题包括：思想观念及重视度不足；创新创业教育的体系不健全；缺乏相应投入，缺乏相应的课程体系、课程设计、教材编著和师资培养；缺乏有效的实践环节和相应的实践设施；仅仅依靠单一的一门或几门选修课程、创业社团等进行粗浅的尝试，缺乏与行业企业联合系统培育；创新创业教育学生参与度不足；等等。未来，旅游职业教育研究者们有望在此方面有所突破。

① 《青岛旅游学校教育质量年度报告 2019》。

② 《厦门工商旅游学校教育质量年度报告 2019》。

第四节　就业升学

《2019 中国高等职业教育质量年度报告》评出 2018 年度“服务贡献 50 强”。与 2017 年度相比，50 强院校横向技术服务、纵向科研服务和非学历培训到款额等 3 项指标的中位数分别增长 49%、75% 和 93%，整体水平有较大提升。作为旅游类专科院校的浙江旅游职业学院也位列其中。这体现了旅游高职教育过程中更加注重强调“服务发展、促进就业”的办学方向，重视毕业生人数和就业去向、横向技术服务到款额、纵向科研经费到款额、技术交易到款额、非学历培训到款额和公益性培训等指标对旅游高职教育社会服务功能的促进作用。

一、就业情况

党的十八大以来，我国职业教育在统筹推进“五位一体”总体布局和协调推进“四个全面”战略布局中快速发展、不断壮大，实现了历史性的新跨越，站在了新的起点。2014 年，国务院召开了新世纪以来第三次全国职业教育工作会议，印发了《关于加快发展现代职业教育的决定》，对推进职业教育现代化作出专门部署。2015 年，我国以《职业教育法》为引领，适应经济社会发展需要，形成了涵盖学校设置、专业教学、教师队伍、学生实习、经费投入、信息化建设等一系列制度和标准。近年来，职业教育人才培养质量稳步提高，中职毕业生就业率连续居高不下，就业质量持续向好，近 70% 的职业学校毕业生在县市就近就业。职业学校毕业生成为支撑区域产业发展的一支生力军，有力助推了产业升级和经济增长。2017 年，中国旅游中等职业教育在教育集团化建设、产教融合发展、人才培养模式改革、校校联合发展等方面取得了突出的成就。

（一）就业率情况

课题组通过问卷调研①，针对 131 所高职和 116 所中职，共计 247 所开设旅游相关专业的院校进行了针对性的数据统计，其中关于就业方面的有效问卷 242 份。数据表明：2018 年度旅游类专业毕业生总体就业率是 88.43%，其中 74 所院校毕业生就业率为 100%，占调查样本的 30.57%，这充分反映了旅游相关专业的总体就业率较高，背后也折射出旅游相关企业面对专业人才的强烈需求。调研样本中，省内就业率为 71.77%，其中 37 所院校省内就业率为 100%，53 所院校省内就业率不足 50%，这反映出当前就业地域选择不再局限于出生地或上学地的本省，就业选择半径呈越来越大的趋势。部分旅游职业院校就业情况统计见表 4–7。

① 课题组问卷调查数据。

表 4–7 2018 年部分旅游职业院校就业情况统计

序号	学校名称	毕业生总数（人）	初次就业人数（人）	初次就业率（%）
1	河北旅游职业学院	2010	1804	89.75%
2	黑龙江旅游职业技术学院	1354	1263	93.28%
3	江西旅游商贸职业学院	4242	4168	98.26%
4	南京旅游职业学院	1798	1695	94.27%
5	青岛酒店管理职业技术学院	4953	4861	98.14%
6	山西旅游职业学院	2051	1903	92.78%
7	江苏旅游职业学院	849	840	98.94%
8	山东旅游职业学院	2285	2273	99.47%
9	上海旅游高等专科学校	991	971	97.98%
10	云南旅游职业学院	1271	1189	93.55%
11	长沙商贸旅游职业学院	2382	2179	91.48%
12	郑州旅游职业学院	2522	2333	92.51%
13	浙江旅游职业学院	3960	3921	99.02%
14	青岛市旅游学校	594	564	94.95%
15	厦门工商旅游学校	1945	1935	99.49%
16	安徽旅游学校	199	138	69.35%
17	佳木斯市旅游职业学校	70	70	100.00%
18	西安市涉外旅游职业学校	380	357	93.95%
19	江苏省扬州旅游商贸学校	200	199	99.50%
20	海南省海口旅游职业学校	1069	1048	98.04%

（二）就业质量情况

（1）薪酬水平。根据 242 份有效问卷数据表明：2018 年度旅游类专业毕业生就业薪酬平均为人民币 2808 元。毕业生起薪超过 4000 元的有 28 家，占调研总数的 11.57%，其中高职院校 21 家。上海农林职业技术学院、恩施职业技术学院、河南工业贸易职业学院、郑州商贸旅游职业学院、吉林科技职业技术学院等院校毕业生起薪超过 5000 元；另外还有株洲工业学校、夏邑孔祖中专、北京市园林学校等 7 家中职院校毕业生起薪也超过了 4000 元。起薪介于 3000 元至 4000 元之间的院校有 106 家，占全部调研的 43.85%；起薪介于 2000 元至 3000 元之间的院校有 76 家，占全部调研的 31.40%；起薪不到 2000 元的院校有 32 家，占调研总数的 13.22%。调研数据分布如图 4–5 所示。

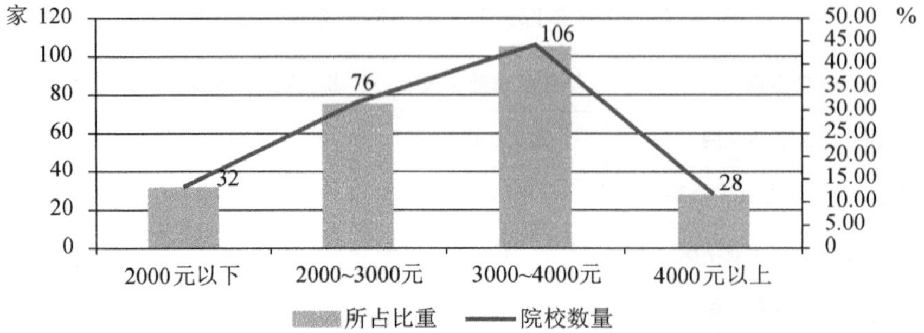

图 4-5　2018 年调研院校毕业生薪酬统计情况

近年来，旅游相关行业得到了快速的发展，旅游行业呈现出了人才供不应求的局面。但是旅游行业却呈现出了“高流失”的状态，根据实际调查研究统计，当前广东、上海以及北京等地区的酒店等相关旅游企业员工平均流动率在 28% 以上，对行业的发展带来了一定的阻碍性影响。按照人力资源理论诊断，事业平台留人、感情团队留人和薪酬待遇留人都是有效留住员工的重要举措。但根据数据分析，2018 年旅游职业院校毕业生入职月薪 2808 元，比全国大学生初次就业薪酬平均值 4986 元，低了 44%，巨大的差距让旅游职业学院毕业生很难在本行业坚持。课题组根据 19 家旅游职业院校毕业生初次就业薪酬及所在省市做了横向比较，有 6 家院校毕业生薪酬不到所在地市大学初次薪酬的 60%，占比超过 80% 的院校一家也没有。就旅游高职院校和中职院校毕业生薪酬对比而言，学历的差距在毕业生初次就业起薪上得到了反映，图 4-6 中的调研样本中，旅游高职院校毕业生薪酬平均为 3500 元，而中职院校毕业生薪酬仅不到 2500 元。

低就业薪酬的现状，直接影响到毕业生的就业选择和旅游行业发展，进而也会影响旅游职业院校的招生、教学等相关工作，理应引起整个行业产业、企业和教学管理部门以及各旅游职业院校的重视。

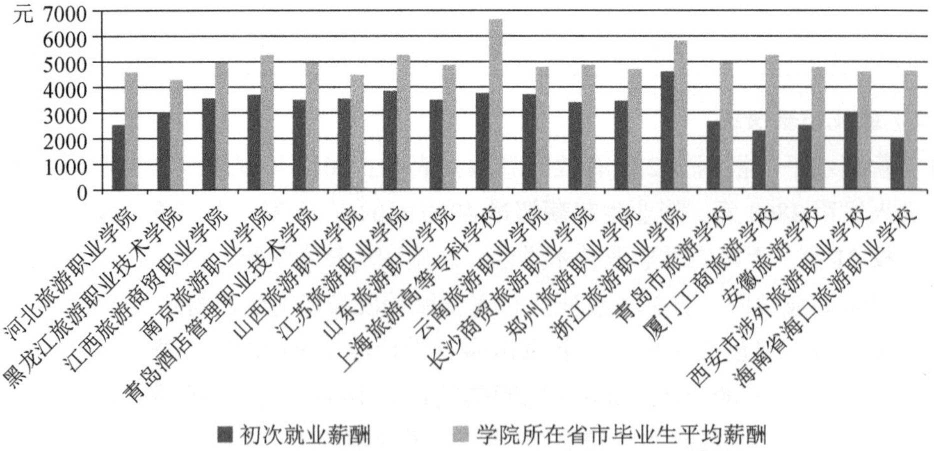

图 4-6　2018 年部分旅游职业院校和所在省市毕业生起薪对比图

（2）就业方向。就业方向关系到旅游职业院校毕业生的职业生涯，也间接影响到旅游职业院校的人才培养模式。课题组针对毕业生对口专业就业、海外就业情况和创新创业情况等方面进行了统计。

第一，242 份有效问卷数据表明：旅游职业院校毕业生专业对口就业率平均为 66.15%，近三分之一的毕业生选择了非对口专业，这反映了行业企业目前的人力资源现状，对专业人才的高需求和入职后相关薪酬、发展空间等之间的矛盾，反映到旅游职业院校的人才培养模式上，就要求建设以旅游企业需求为导向的专业知识深、博雅知识广的课程体系，以培养学生核心竞争力，以胜任旅游行业内外各种岗位。

第二，近年来随着国际化的发展，越来越多的旅游职业院校和国外相关企业建立了实习实训和就业的合作，海外相关企业的就业也为学生开拓了就业的渠道。据调查统计，调研院校中海外就业人数的院校有 46 家，平均每家院校海外就业人数为 13.46，其中有 14 家院校海外实习人数在 10 人以上，南京旅游职业学院 108 人、长垣烹饪职业技术学院 100 人、太原旅游职业学院和青岛酒店管理职业技术学院各 20 人排在旅游高职院校前列，石家庄旅游学校 60 人、成都电子信息学校 50 人和湖北省旅游学校 40 人排在旅游中职院校前三名。

第三，“大众创业、万众创新”背景下，随着旅游新兴产业的发展，各院校也开展了创新创业教育，除了在旅游相关企业就业外，创业也成了毕业生们选择的方向。根据调查数据，2018 年旅游职业院校毕业生自主创业的院校共有 201 家，占调查样本的 65.25%，比例平均为 7.95%。其中涿州市职业技术教育中心、河南省民族中等专业学校、博爱县职业中专、新密市职教中心、新密市职教中心和长垣烹饪职业技术学院六家院校毕业生自主创业比例达到了 50% 以上。

二、升学情况

在国家政策的大力支持和引导下，现代职业教育体系建设在稳步推进和不断完善之中。完善的现代职业教育体系下，旅游职业院校毕业生发展路径有了更多选择，“就业班”注重精湛技能和复合型人才培养，毕业生进入旅游行业企业实现学历到事业的转变；“升学班”，全力打造学历提升直通车，为有升学需求的学生全面开拓“升学—再就业”的贯通路径。在传统路径“就业”之外，许多院校实施多元化办学和多层次人才培养，开通了多元互通的成长“立交桥”。随着职业立交桥建设的深入，通过“升学”或新的人才培养模式实现人才培养质量提升的方式正在多元化。“中职 + 高职”分段式衔接教育、五年一贯制、“高职 + 本科”以及“中职 + 本科”等人才培养模式不断出现，各院校积极探索，其模式颇受学生的欢迎。

2018 年课题组通过问卷调研[①]，针对开设旅游相关专业职业教育的 131 所高职和 116

① 课题组问卷调查数据。

所中职，共计 247 所开设旅游相关专业的院校进行了针对性的数据统计。数据表明：247 所旅游职业院校毕业生升入更高级别学校（包括考研、专升本、中职升高职等）的比例平均为 19.58%，这充分反映了升学深造也是当前旅游职业院校毕业生的一项重要选择。

（一）高职院校升学情况

在被调研的 123 所高职旅游相关专业院校中，升学比例平均为 9.15%，相对中职院校而言，旅游高职院校毕业生的升学愿望要低许多。高职毕业生的升学途径除了普通专升本、自学考试升本、网络本科之外，还有高职院校和本科院校“3+2”分段贯通培养的模式和出国留学的方式，都受到了学生的追捧，近两年招生都取得了相当火爆的结果。“3+2”分段贯通培养的模式如南京旅游职业学院与南京师范大学的合作就是典型代表。

南京旅游职业学院针对学生开通了读本直通车。一方面和南京师范大学合作举办“专接本”旅游管理、旅游英语专业 2+2 本科班，学生可以在本校学习，获南京师范大学的学士学位。另一方面还开通了国外直通车：与美国夏威夷太平洋大学、新西兰威尔瑞基理工学院、韩国全州大学、日本成溪学院等国外高校合作办学，通过 2+2 等合作方式出国学习，即在本校学习两年，出国学习两年，获得本校专科文凭和国家教育部认可的国外本科文凭。

在出国留学方面，河北旅游职业学院注重国际交流合作的内涵发展、质量提高和品牌建设，与英国、美国、韩国、俄罗斯、日本、西班牙、塞舌尔、阿联酋等国的多所院校建立了合作关系，合作培养覆盖专科、本科到博士各层次，国际交流合作办学的规模、水平和层次居河北省高校前列。2018 年向国外高等学府输送了 100 多名留学生、交换生和研修生，其中 60 多名留学生获得了本科毕业证书，19 名学生考取了硕士研究生和博士研究生；15 名毕业生在国外就业和定居。

（二）中职院校升学情况

124 所中职旅游院校毕业生升学比例为 38.46%，明显高于高职院校毕业生的求学意愿。升学比例占到当年毕业生人数 80% 以上的中职院校有 38 家，占调研样本的 30.65%；70% 以上的中职院校 3 家，占调研样本的 2.4%；升学比例在 60%~70% 的中职院校 6 家，占调研样本的 4.83%；升学比例在 50%~60% 的中职院校共有 16 所，占调查院校的 12.90%；升学比例在 50% 以下的院校为 61 家，占调查院校的 49.20%（见图 4–7）。

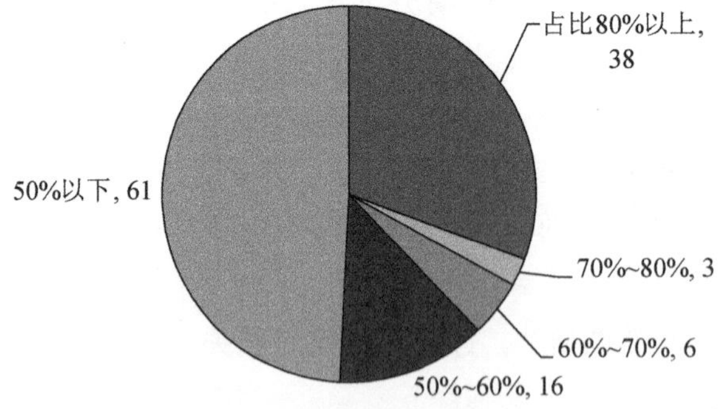

图 4–7　中职旅游院校毕业生升学人数占当年毕业生比例情况

中职旅游院校的升学比例远高于高职旅游院校，且升学人数远高于当年就业毕业生人数，这直接反映出学历社会氛围下，升学路径的全程贯通是广大学子家族的需求，也是社会对于旅游人才的专业能力和综合素养的必然要求。

旅游中职院校学生中选择继续学习深造的方式越来越多样，除了传统的中职对口高职升学，“3+4”中职—本科贯通分段培养等方式也是重要的方式。许多中职院校进行了行之有效的探索。

海南省海口旅游职业学校率先在全省建立起了职业教育一体化培养的“立交桥”，并得到持续健康发展，2018 年与海南师范大学联办的高星级饭店运营与管理“3+4”本科在读三个班，与海南职业技术学院、海南经贸职业技术学院等高职院校分别联办中餐烹饪与营养膳食、旅游外语、会计“3+2”大专班；境外与新西兰北方理工学院联办“2+2”大专班，已形成了以中职教育为主、中高职“3+2”和国际大专“2+2”衔接的一体化人才培养体系，构建了“就业有方、升学有路、出国有门”的多元化办学格局。

济南市旅游学校针对学生的高职升学需求，依托学校优质的师资，双师型的教师队伍，使得学校学生均可选择春季高考，春季高考开设导游、酒店和烹饪等专业，2018 年学生考取本科率平均达 60% 以上。除此之外，学校还开设三二连读班，与山东旅游职业学院联合开办“中餐烹饪与营养膳食”“导游服务”“高星级饭店运营与管理”专业的三二连读班。导游服务、高星级饭店运营与管理、中餐烹饪与营养膳食专业学习山东旅游职业学院相关课程，完成两年学业后颁发山东旅游职业学院大专毕业证书。

目前，国务院印发《国家职业教育深化改革实施方案》（“职教 20 条”）中开篇就明确，职业教育与普通教育是两种不同的教育类型，具有同等重要的地位，明确了职业教育在我国教育体系中的重要地位。教育部网站发布《中华人民共和国职业教育法修订草案（征求意见稿）》中也明确提出了：未来，接受职业高等教育的学生学历将不只是大专，职业教育也将培养自己的本科生、研究生。当下旅游职业教育存在“断头”现象，中职学生升学比较困难，特别是“专升本”的机会甚微。各地开展“3+2”的五年一贯制的培养模式比较普遍，提供中职学生升读大专、高职院校的机会，但中职学生升本及高职“专升本”的配套政策还有待细化出台。相信在政府有关部门的大力推动下，我国旅游职业教育将努力建立从中职到专业学位研究生，从学历教育到职业培训的纵向贯通，横向融通的现代职业教育体系。

第五章　合作育人

我国以学校为主的职业教育体系，决定了产教融合、校企合作质量对职业教育标准构建起着决定性作用。这需要中国特色高水平高职学校不断创新深化产教融合、校企合作，吸引社会力量多种形式举办和参与职业院校办学，积极打造学校与社会、科研生产与教学、内部资源与外部资源互为交融的开放式无边界组织模式，不断优化和完善治理结构和机制，加强院校自身能力建设，推动企业高水平参与，实现企业参与职业教育和企业自身利益同频共振，推动形成校企命运共同体。[①] 这需要积极打造学校与社会、科研生产与教学、内部资源与外部资源互为交融的合作育人模式，吸引更多的平台、资源、角色进入职业教育培养过程，达成更好的培养结果。课题组按照校企合作、国际合作、旅游职业教育集团三个部分进行旅游职业教育合作办学调研，以上三个部分均体现了我国的旅游职业教育对于资源交叉利用、产教融合、校企合作的多种形式，展现了旅游职业教育吸引各种力量办学的明朗前景。

第一节　校企合作

2014 年，教育部等六部委印发的《现代职业教育体系建设规划（2014—2020 年）》提出“完善校企合作的现代职业院校治理结构”。学校和企业基于共同的目标和利益，综合发挥各自优势而达成的一种协议合作模式，被称为校企合作模式。而旅游职业教育因为实践性强，其教学目的旨在为社会各层次级别的旅游产业培养专业性人才，因此校企合作更适于旅游职业教育的发展。从企业的视角来看，通过校企合作，老员工可以辅导专业学生，在实习中就可以积累工作经验，学生一毕业就可以直接被录用到企业中，可以省略繁杂的实习阶段，对企业来说可以减少人力资源管理成本；以学校的视角来看，学生面临就业问题，旅游院校为了抓好教育质量，培养专业性的人才，谋求自身发展，必须要培养有针对性的，符合市场需求的人才。从以上两方面可以看出，校企合作模式是当下时代发展之趋势，学校和企业之间的联合是必然的。

① 潘海生．“双高计划”引领职业教育向类型教育发展 [N]. 中国教育报，2019-05-07.

一、校企合作现行模式分析

（一）传统创新，顶岗实习实训

该模式中企业为学校专业教学提供真实的业务、真实的岗位和流程，学校为企业提供场地和优秀的实习学生，双方成立实践基地专业建设委员会，对相关内容进行指导及管理，指导专业内容制定、实训实践工作等，结合学校丰富的专业建设资源，力争为企业定向输送后备人才，为学校进一步拓展实践、就业基地，为学生提供真实的实践操作机会，实现企业、学生和学校之间的合作共赢。

在旅游职业院校创新实习实训模式、建设现代学徒制的同时，除学徒制合作企业、“双主体”合作企业以外，仍然还需要有大量企业成为学校的实习实训基地，弥补学校的实习实训需求。承担现代学徒制、“订单班”建设或参与“双主体”合作培育模式的企业，大多数为中大型企业，中小企业和部分新开发的企业实训基地，可能暂时还不能进行深度合作，那么为旅游职业院校补充实习实训基地，也能为旅游职业院校的人才培育做出贡献。

例如山东旅游职业学院 2018 年度校外实训基地涉及 192 家，达到了所有专业都有与之对口的稳定校外实践基地的要求，国内外实践基地数量与质量稳步提升，实训基地接收学生数 2423 人次，实习实训项目 567 个。其中，酒店管理专业群的实习单位多以五星级酒店和国际奢华品牌酒店为主，为学生打造良好实习平台和通往社会实践的桥梁。

郑州旅游职业学院高度重视校外实习实训基地建设，按照专业对口、业内领先、特色鲜明的标准，选择对口企业建立长期稳定的合作关系，形成了校企合作、共同育人的人才培养机制。目前，学校共建有 149 个长期稳定的校外实习实训基地，并与日、韩、美、德、奥地利等国及中国台湾高校建立了长期合作办学关系，为毕业生搭建了高端优质的实习就业平台，一大批学生远赴国（境）外实习、学习或就业。①

上海旅游高等专科学校为学生提供美国迪士尼乐园、美国黄石国家公园、美国希尔顿酒店、夏威夷顶级度假村和经济型酒店、阿联酋迪拜高星级酒店、塞舌尔高星级酒店、香港旅游发展局、联合国总部等实习岗位。浙江旅游职业学院旅游规划系为学生提供的实习基地包括阿联酋迪拜棕榈岛亚特兰蒂斯酒店、EMAAR 集团旗下多家奢侈酒店、迪拜龙头海外旅业社、卡塔尔多哈香格里拉酒店、美国塞班岛博华豪华度假村、美国迪士尼乐园、澳门新八佰伴百货公司等丰富岗位，选择机会多，这些国际知名企业平台高、管理规范，也为院校打响了知名度。②

本着资源共享、优势互补、互惠互利、共享共赢的原则，校企合作建立实训实习基地，不仅成为师生直接接触社会、了解企业的重要阵地，更重要的是利用这些基地的条件培养了学生的职业素质、动手能力和创新精神，同时满足了企业人力资源方面的需求，实

① 郑州旅游职业学院官网 . http：//www.zztrc.edu.cn/。

② 《上海旅游高等专科学校高等职业教育质量报告 2019》。

现了双赢。

（二）订单培育，建立现代学徒制

在 2014 年 5 月国务院发布的《关于加快发展现代职业教育的决定》要求开展校企联合招生、联合培养的现代学徒制试点。2014 年 6 月教育部等六部门联合下发的《现代职业教育体系建设规划（2014—2020 年）》（教发〔2014〕号）中更是明确指出了要发展学徒制的职业教育模式。2014 年 8 月教育部出台了《关于开展现代学徒制试点工作的意见》（教职成〔2014〕9 号）并启动了现代学徒制试点工作。

在学徒制培养的理念中，学校负责为企业选择符合要求和标准的学生。根据企业用人的需求，与学校选择的符合条件学生进行双向选择，组成“订单班”。校企双方按照校方人才培养方案，结合企业的实际情况，共同制订订单班学生的培养方案，包括实习计划，实习目标、实习任务、必要的实习准备、考核标准等；在师资、专业技术培训、教学实训场地、社会服务等方面进行合作，通过双方两个教学地点进行教学和岗上实践培训，培养学生的实际操作能力和职业素养，经过考核达到培养目标的订单学生直接到企业就业。在旅游职业教育中，学徒制建设初具成效，“订单班”运行遍地开花。

广东旅游职业技术学校与广州南沙大酒店成功申报了第一批教育部现代学徒制试点单位，项目始于 2016 年 7 月，项目期两年，已于 2018 年完成结项。首批学员 21 人经过了近两年的学习与工作，成长情况良好，其中有 1/3 的学员在一年之后经严格评估成为见习主管。该项目成效卓著，推广效果良好，已获得教育部国家级教学成果奖一项，广东省省级教学成果特等奖一项。

2014 年之前，江海职业技术学院毕业生几乎都是在零散的合作企业里进行实习，2014 年随着国家工学一体化政策的推行，同年 4 月，江海职业技术学院与金陵酒店管理公司共同合办了金陵工学班，该班以“校企合作、订单式培养”为南京金陵酒店管理有限公司旗下成员酒店培养后备人才，开启了零学费入学、高收入实习、宽通路就业、多证书毕业的工学办学模式。随着国家双主体办学、学徒制的推行，2018 年 4 月江海学院与金陵酒店管理公司联合办学成立了金陵酒店管理学院，截至 2018 年金陵工学班已经完成第五期招生工作。

表 5–1　江海职业技术学院金陵班招生情况表

学年	班级	人数
2014	旅游 1402	61 人（已毕业）
2015	旅游 1502，旅游 1503，旅游 1504	77 人（已毕业）
2016	旅游 1602，烹调 1601，烹调 1602	153 人
2017	旅游 1702，烹调 1702，烹调 1703，烹调 1704	129 人
2018	旅游 1802，烹调 1802，烹调 1803	81 人（不含春季班）

资料来源：江海职业技术学院官网 . https：//www.tech.net.cn/

苏州经贸职业技术学院和八爪鱼在线旅游公司在2014年就签订了校企合作协议，开设“八爪鱼订单班”，定向培养旅游电子商务人才。近年来，双方在培养行业人才、共建实训基地、推进课程改革、教师挂职锻炼等方面都进行了深入的合作。主动贴合与服务行业需求将有利于培养高素质的旅游专业应用型人才。近年来，在苏州经贸职业技术学院的邀请下，八爪鱼在线旅游发展有限公司一直参与并共同制定旅游管理专业的“人才培养方案”，为专业人才培养方案提出了很多行业角度专业性的意见，提升了专业的办学水平和教育质量。八爪鱼在线旅游发展有限公司与苏州经贸职业技术学院旅游管理专业共同申请的“在线旅游服务实训平台”因产教融合紧密、特色鲜明，被江苏省教育厅和江苏省财政厅遴选为江苏省高等职业教育产教深度融合实训平台项目，获得项目支持经费250万元。现阶段“在线旅游服务实训平台”建设工作已取得显著成果。校企还将双方共建实训基地，公司计划与学校共建包括旅游大数据处理中心、智慧旅游创新实训室、跨境旅游实训室、在线旅行服务实训室等在内的四个实训室。学生将分别以供应商（开发资源、设计线路、发布信息）、分销商（采购、销售）的身份进行在线旅游电子商务的实操训练。八爪鱼在线旅游的机票处理事业部预计将“进驻”学校。届时，企业工作的真实场景，工作任务内容将呈现在同学们面前，师徒结对、工学交替不再受时间和地点的限制，真正做到“教学做一体化”。①

南京科技职业学院与“85℃”江苏食品有限公司联合进行了现代学徒制培养，“85℃”江苏食品有限公司高度重视现代学徒制合作项目，每年投入达到每生1.5万元人民币，2015—2017年累计投入87万元，为项目的实施提供了资金保障。每年学校安排5~6名教师到企业担任企业的访问工程师，每人每年工作量达120课时，“85℃”江苏食品有限公司每年派10~20名专业技师到学校厂中校对学生进行定点指导，每人每年工作量达150课时。在现代学徒制模式采用“344”人才培养模式。“344”人才培养模式是指:“身份三重、能力四层次、学习四阶段”。身份“生徒→准员工→员工”三重，能力“识岗→训练员→领班→副主厨”或“识岗→服务员→组长→襄理（相当于副经理）”四层次，学习“四阶段”育人模式。至今，2015级学徒中有10人被企业录取为正式员工，在企业关键岗位上工作，3名同学被确定为后备干部培养对象，深受用人部门欢迎。②

河北旅游职业学院产学合作企业297家，该学院有合作企业的专业数已达70%，订单培养学生数566人，共同开发课程门数43门，开发教材数27种，接受顶岗实习学生数1797人，企业录用顶岗实习毕业生比例90.85%。③

现代学徒制的方式有利于紧紧围绕培养“留得住、用得上”高素质技术技能型人才培养定位，通过体制创新，把企业、院校和学生三者紧密合为一体，实现企业人才需求、高

① 《八爪鱼在线旅游发展有限公司高等职业教育质量报告2019》。
② 《“85℃”江苏食品有限公司高等职业教育质量报告2019》。
③ 《河北旅游职业学院高等职业教育质量报告2019》。

职院校人才培养和学生成长紧密的结合，也能够成功地解决学生从学校到就业之间的“最后一公里”，直接实现无缝对接，对于加强学校人才培养针对性，降低企业人力资源成本，增强企业竞争力和实现可持续发展意义重大。

（三）双主体办学，全景式融合培育

在订单式培养、现代学徒制模式的基础之上，有部分旅游职业院校已经探索和实现了双主体办学，使企业也成为办学主体，更多参与到招生、育人、用人各个环节，实现了全景式的融合培育。校企双主体办学是我国当下高职教育战略发展的一个重要方向。企业和学校作为人才培养主体共同努力为社会培养应用型人才，而实现这一目标的一个有效路径是在校企双主体办学体制下构建科学有效的实践教学体系。其构建的关键在于确立清晰的能力培养目标，建立具有实效性的内容体系和科学合理的实践教学管理体系。双主体式的校企合作是高职教育新的战略选择，是职业教育发展的未来和方向，通过权力分配与责任分担，为校企合作注入新的活力，并对原有的教育体制构成了挑战。校企双主体办学的治理体系构建是我国高职教育发展的新命题，也是旅游职业教育体系建设面临的新课题，值得深入探究。

山东旅游职业学院在酒店专业实施了 SHC 三位一体实习管理体系，初步打造双主体培育模式。为解决高职高专酒店管理专业实习管理中存在的问题，山东旅游职业学院酒店管理专业构建了以学校主体为平台，以学生主体为根本，以酒店主体为导向的三位一体的育人体系，企业与学校共同承担育人责任，在课程设置、教师教学、育人成材、课外辅导上共同开发和参与，实现了“轮岗轮班，一课双师”教学组织模式，将教学环节对接工作流程、学习任务对接岗位任务，实现了校内教师和企业教师的轮流互补，提高了教学的有效性，既能强化酒店管理专业学生的职业技能培养和职业素质养成，又能保障学生获取基础理论知识。学生、学校与企业多方协作策略，环环相扣、紧密相依。在此管理体系下，着重建设了 PDCA 实习基地管理制度、实习基地质量管理体系，通过 PDCA 循环着重建设实习基地的选择与学生培养计划（Plan）；双师四导实习效果保障制度（Do）；学生导师双评体系（Check）；实习基地反馈与筛选（Action）。建立有效的实习实训基地考核机制，管理部门、学生、企业和指导教师全员参与，充分调动指导教师、学生等实习实训的积极性，从而最大限度地保证实习实训环节的顺利进行，同时提高实践环节整体的质量和水平。

南京旅游职业学院烹饪专业 2017 年与南京夜上海餐饮有限公司建立了稳定的校企合作关系。通过校企深度合作，学校和企业在平等互利的基础上，通过签订合作协议，明确合作双方的责任义务，相互配合、协调、实现联合培养人才的目标。企业不仅参与研究与制订目标、教学计划、教学内容、教学方法、教学方式，而且在学校的配合下负责完成与产业部门结合的培养任务。南京夜上海餐饮有限公司为学校专项班学员提供夜上海企业文化知识，餐饮运营管理及厨房技能实训，累计菜品制作指导 300 余道，合作组织多场专项岗位实习暨就业专场招聘会，累计面试及试用学员达 200 余人。每年都接受学校的学生顶岗实习，并对在实训期间表现优异的学生颁发奖学金。公司与学校之间开展了深度的人才培养方案，制定了《夜上海精英班人才培养方案》，编写《夜上海厨房技能360实训》《夜上海餐饮运用管理》《夜上海企业文化概论》三本校企合作校本教材，同时公司也分批选送人员到校跟班上课，为其培养了大批用得上、留得住的技术人员；目前，这些人已成为企业各部门的技术和管理骨干，提高了企业员工的技能素质，适应了企业发展对人才的需要。在与南京旅游职业学院的合作中，南京夜上海餐饮有限公司不仅提供专业的餐饮行业的技术及教学指导，还提供全国一流的教学硬件设施供学校的师生开展实践教学之用，提供“教师工作站”为学校烹饪专业老师挂职实践学习提供了优良的场所。①

总之，深化产教融合，促进教育链、人才链与产业链、创新链有机衔接，是当前推进人力资源供给侧结构性改革的迫切要求，对新形势下全面提高教育质量、扩大就业创业、推进经济转型升级、培育经济发展新动能具有重要意义。企业与旅游职业院校进行校企合作，不仅仅对企业和旅游职业院校都有实际利益，同时还可以回报社会，是一项具有重要意义的公益事业，是贯彻科教兴国和人才强国战略，促进和谐社会建设的有益实践和重要举措。

二、校企合作存在的问题和解决措施

旅游职业院校校企合作进程取得了较好的成果，但在合作的过程中也遇到了一些问题。基于校企双方的合作成效，认为在以下几个方面还需进一步深化与改善：

（一）合作形式有待丰富

校企合作形式有待不断丰富，校企之间的深度合作有待进一步开拓。目前的校企合作，多以参与实训教学、课程改革、人才培养方案制订等形式展开，还应联合开展科研项目及其他技术类的服务项目，丰富合作形式与内容。

在合作模式上还应继续跟进国家政策，多维联合，实现校企合作的质变飞跃。首先在教师层面，开展教师工作队伍进企业，或企业技术研发团队进校园的合作，这既有利于学校“双师型”教师队伍的建设，以此提升教师的实际操作能力，又有利于企业团队文化水平的整体提升。其次，就学生培养层面，还应继续推行现代学徒制，体现工学培养一体模式，针对公司的岗位需求，以及行业的人才紧缺的岗位，为学生量身打造符合行业特定岗位的人才培养，实现毕业生的高位就业。最后，进一步深化校企合作，需在合作模式上进一步改革深化，向“双主体育人”模式发展，深入发展已经进行的合作项目，实行合作项目多元化。

（二）合作矛盾仍然存在

在校企合作过程中，企业希望极力通过各种方式，如实习、实训等，尽快利用上学生的人力资源，及时安排学生进入企业现场组织教学与实践训练，以求得让学生在最短时间内掌握现场的服务规范和技能。但是旅游行业特点和企业实际运营特点的影响，例如受旅

① 《南京旅游职业学院高等职业教育质量报告2019》。

游行业淡旺季的原因，影响了学生在企业现场学习和训练的质量。一方面，学校学生希望多一些工作岗位和现场学习实训的机会，另一方面，企业又要兼顾游客数量和服务水平，无法确保“一对一”帮带实践，难以保证实践教学的质量达到最优。这个矛盾还将很长时间存在。而学校在学生实践实习的过程中，还是顾及学生实训实习的理论性、系统性、完整性，也不能完全按照企业的希望来安排学生实习过程，在实训实习时间安排、地点安排、实训实习内容安排上都会产生冲突。以上问题都需要校企进一步互相理解，互相加强认知，磋商合作，解决差异。

（三）校企认知存在偏差

首先是学校的专业教学团队专任教师科研能力与服务行业企业能力有待提高，课程标准与职业能力标准的对接还需优化。其次是企业目前对教育行业、教育教学知识认知不足。尽管很多旅游职业院校和企业已经开展了充分的培养方案制订、课程制作、共同教学，但是企业的工作人员对自己的业务内容较为熟悉，而教学与讲授毕竟是“专业活儿”，在校企合作过程中，还是需要“专人专事”，企业导师和学校教师之间应该协调与配合，才能使校企合作的课程体系真正做到学以致用。

（四）合作深度有待挖掘

校企合作深度不够的现象大幅度存在。往往体现在合作层次浅，合作项目类型简单。例如目前酒店和旅行社、旅游在线网络公司接收实习生，多数是为了应对如五一、十一、夏季等旅游业的旺季人员不足的问题，实习生进入企业后几乎是立即上岗，对实习生的培训较少，而且也不会给学生进行职业规划方面的指导和职业发展空间，学生进入酒店后基本没有系统学习的机会，而只是和正式工一样工作，这非常不利于学生学习期间整套知识体系的形成，也不利于旅游企业吸引实习生长期工作。在学校实习实训制度方面，随着校企合作项目的进一步推进，学校、学生、酒店之间应达成三方协议，建立过程性评价机制，强化过程性监督，突出企业、指导教师的作用，完善合作管理制度，对学生顶岗实习进行有效管理，稳步推进校企合作。在企业实习实训制度方面，企业更难以系统性、层次性地完成实习实训既定课程学习任务，往往跟随企业的用人需求而变化。

在校企联合课程方面，学徒制教学资源需要开发和完善。现代学徒制人才培养职教新模式虽然有一定建设基础，但其配套教学资源仍需要进一步完善，需要实时更新。此外，随着网络教学平台、网络教学系统、网络教学资源、网络教学软件、网络教学视频等不断完善，吸收“微课堂”“微教学”“翻转课堂”“慕课”等新教育概念，利用企业优质数字化教学资源，开发网络学习课程，建立开放灵活的教育资源公共服务平台，促进优质教育资源普及共享。同时，校企需要引进国外的优质教材，进行消化、吸收，不断更新知识以真正与国际接轨。

（五）管理机制尚需健全

国家和省级政府职业教育校企合作的政策法规缺失与滞后，以及运行机制不健全是造成校企合作不深入、不稳定的主要原因。目前，政府出面统筹协调校企合作、联合办学、制定人才规划的作用缺位，没有出台校企合作、工学结合、顶岗实习的政策法规，致使未能从真正意义上建立起校企合作的运行机制、体制和模式。目前，虽然国家有政策引导和支持，但是在政策的具体支持方式、细则、对企业的鼓励措施上，还不够明确，需要进一步深入研究和推行。企业参与校企合作、产学合作的实际利益没有得到有效体现，企业行业参与校企合作的积极性不强；企业由于市场及人力资源需求的不确定性，使优质合作企业参与职业教育的持续力不够。

第二节　国际合作

高职院校国际交流合作对提升高职院校人才培养质量，推动高职院校高水平、国际化发展具有十分重要的意义。构建多层次、全方位的高职院校国际交流合作发展模式，对于加快发展职业教育，改革高职院校办学体制，提高高职院校办学质量，具有十分重要的作用。《现代职业教育体系建设规划（2014—2020 年）》中提到了“鼓励骨干职业院校走出去，服务国家对外开放战略，培育一批具有国际竞争力的职业院校。积极扩大职业院校招收海外留学生的规模，探索和规范职业院校到国（境）外办学。”《国务院关于加快发展现代职业教育的决定》中指出：到 2020 年，要建成一批世界一流的职业院校和骨干专业，加强国际交流与合作，引进国外高水平专家和优质教育资源，中外职业院校教师互派、学生互换，进行中外职业院校合作办学项目。因此，旅游高职院校也应积极响应政策导向，放眼世界，积极探索国际化办学途径，更新观念，加强学校内涵建设，放眼世界，参加国际性大赛及活动，拓宽渠道，加强与海外院校的交流，结合实际，开展国际间合作办学。

本调研组在 2017 年公布的旅游类示范专业院校中，选择了其中 12 所独立建制的旅游高职院校进行数据调研，数据显示，在 2018 年度，12 所独立建制的旅游高职院校全日制国（境）外留学生人数（一年以上）合计 262 人，非全日制国（境）外人员培训量合计 45 119 人次，在校生服务“走出去”企业国（境）外实习时间合计 76 946 人日，专任教师赴国（境）外指导和开展培训时间合计 9520 人日，在国（境）外组织担任职务的专任教师人数合计 69 人，开发并被国（境）外采用的专业课程标准、教学标准数合计 66 个，国（境）外技能大赛获奖数量合计 54 项。由此得出，目前旅游职业教育国际合作呈现蓬勃发展，双方获益，稳中有升，逐渐成熟的态势。据统计，各学校国际合作侧重点不同，目前合作较多的区域集中在非全日制国（境）外人员培训量和在校生服务“走出去”企业国（境）外实习时间，开展以上两个项目的院校占比 73%；其次是专任教师赴国（境）外指导和开展培训时间，有 7 所院校此项目做出了成绩，占比 58%；开展最少的项目是国（境）外技能大赛获奖数量，2018 年度只有 3 所院校有该获奖项统计（参见表 5–2）。

表 5–2　部分独立建制的旅游高职院校国际影响表

序号	院校名称	全日制国（境）外留学生人数（一年以上）单位：人	非全日制国（境）外人员培训量 单位：人日	在校生服务“走出去”企业国（境）外实习时间 单位：人日	专任教师赴国（境）外指导和开展培训时间 单位：人日	在国（境）外组织担任职务的专任教师人数 单位：人	开发并被国（境）外采用的专业课程标准、教学标准数 单位：个	国（境）外技能大赛获奖数量 单位：项
1	河北旅游职业学院	46	8280	7200	3600	4	13	/
2	太原旅游职业学院	/	/	/	/	2	/	/
3	黑龙江旅游职业学院	/	2366	2920	/	/	/	/
4	上海旅游高等专科学校	19	23	/	73	/	/	/
5	南京旅游职业学院	/	2520	/	/	/	7	6
6	浙江旅游职业学院	108	3651	/	1531	7	24	28
7	江西旅游商贸职业学院	/	/	9855	/	/	/	/
8	青岛酒店管理职业技术学院	72	11 909	2993	2013	17	18	20
9	山东旅游职业学院	17	/	23 480	/	/	/	/
10	郑州旅游职业学院	/	/	15 390	48	/	/	/
11	长沙商贸旅游职业学院	/	178	5	20	2	2	/
12	云南旅游职业学院	/	16 215	15 108	2235	37	2	/
合计		262	45 119	76 946	9520	69	66	54

资料来源：课题组搜集整理。

一、抓住“一带一路”机遇，致力提升国际化服务与教育

近年来，旅游职业教育在“一带一路”的东风下，深入推进产教融合，持续深化校企协同育人，积极探索国际化办学，以工匠精神为我国和“一带一路”沿线国家经济社会发展源源不断地注入新鲜活力。“一带一路”倡议的提出加快了职业教育国际化的步伐。

长沙商贸旅游职业学院湘菜学院树立“一带一路，湘菜开路”的理念，积极融入“一带一路”倡议。有重点地研究沿线国家或地区的文化风俗和饮食特点，为湘菜企业走出国门，提供高素质人才。学校与台湾高雄餐旅大学、台湾泓光科技大学、美国普渡大学、法国巴黎让·德鲁昂酒店餐饮管理学校、法国费朗迪西餐西点学院等建立了校际友好关系，开展了学术交流，定期互派留学生等合作。

云南旅游职业学院依托旅游行业特点和职业教育优势，借助“中国－东盟旅游人才教育培训基地”这一平台，积极与国家“一带一路”倡议沿线泰国、缅甸、老挝、柬埔寨、尼泊尔、斯里兰卡等东南亚、南亚国家旅游部及著名大学开展合作，进行了大量实质性的人员交流，不仅有引进来，也有送出去。2018 年度，学院利用东南亚、南亚国家旅游行业对旅游培训的需求，不断积极开拓对外培训合作渠道。2018 年度共培训老挝、缅甸、柬埔寨、斯里兰卡、文莱、越南等国家旅游官员及旅游企业高管 692 人。学校在东南亚和南亚国家中享有了一定的知名度，在旅游教育培训方面，初显辐射中心功能。在“一带一路”倡议的引领下，云南旅游职业学院作为中国国家旅游局授予的“中国东盟旅游人才教育培训基地”，已经连续四年承办了对缅甸的交流培训活动。

黑龙江旅游职业学院在 2018 年开办了肯尼亚发展现代旅游业研修班，为期 21 天的“肯尼亚发展现代旅游业研修班”学员全部来自肯尼亚，涉及肯尼亚旅游领域的旅游、经济、大学等部门的 18 位官员、教师和旅游方面的管理人员。学员通过中国概况、中国旅游发展的现状及发展态势等 17 门旅游业专题讲座，初步掌握了中国旅游业发展概况，以及生态旅游业开发与管理理论，切身感受中国文明、灿烂文化和中国旅游业的蓬勃生机，初步了解了中国旅游业开发与发展现状。肯尼亚的学员们一致认为本次培训完全达到了他们的希望和要求，多数学员表示希望将来还有机会再来中国参加类似的培训，并实现教学合作、贸易往来等双方的实质性合作。此次培训加深了中国与肯尼亚的了解，促进了中国与肯尼亚的交流与合作。

“鲁班工坊”是我国职业教育“一带一路”建设的又一张亮眼名片。自 2016 年在泰国建成首家之后，“鲁班工坊”在欧洲、非洲、中亚等地紧锣密鼓地陆续落地。根据当地特色及优势，各地“鲁班工坊”各有分工，为当地学生提供高质量的职业教育，更有周边国家的学生慕名前往求学。旅游职业教育中，天津职业大学与奥地利维也纳模都尔大学继合作办学项目和高端人才培训中心项目启动后，又与该校就在奥地利维也纳对方校园内建设中餐“鲁班工坊”项目达成一致，双方将致力借助该校餐饮专业优势将传统中餐和创新中餐引入奥地利，推进中国文化和餐饮技术走出去。

事实上，扩大开放，早已被列入了我国职业教育在新时代下的发展“菜单”。服务“一带一路”建设和国际产能合作，能够和各国加强联系，打开国际视野，既学习借鉴，也可以承担责任帮扶不发达国家，实现开放办学。在继续贯彻落实国家“一带一路”重要倡议的实践中，旅游职业院校能够坚持立足自身特色和学科优势，主动对接“一带一路”建设需要，积极调整、优化各种资源，着手构建具有鲜明专业特色的国际教育合作体系，并以国际化和“大国工匠”精神为人才培养着力点，以逐渐扩大“一带一路”国家技术技能人才供给为目标，将优质资源输出的国际化教育合作推向一个新的发展阶段。

二、接轨世界，引进国际标准与认证

“引进来”是职业教育补短板的重要经验之一，通过引进国际标准与认证，和国际职业教育接轨，找到衡量学生能力和方式的国际尺度，输入职教体系、学习先进课程，最终实现使我国旅游职业教育向国际标准看齐。引进国际标准与认证也有利于旅游职业院校毕业生的国际化实践和就业。

浙江旅游职业学院与澳大利亚威廉·安格理斯学院共同举办非独立法人的中外合作办学机构——中澳国际酒店管理学院，引入澳大利亚技能质量署 ASQA 评估标准，建立符合双方要求的教学质量管理监督体系，开发完成 ASQA 质量监督体系下的远程网络教学资源平台 E-coach，启动第一批赴澳研修项目。①

北京财贸职业学院借鉴国际应用技术大学办学理念和办学模式，以高水平、国际化、应用型人才培养为目标，推动学校旅游专业群的高端技术技能人才贯通培养实验（外培）项目和中外合作办学项目实施，开发了接轨国际的休闲旅游策划与管理专业英文版教学标准、专业核心课程标准、英文课程描述多门。②

南京旅游职业学院为适应国际化办学需要，积极与国际标准对接，申请联合国世界旅游组织教育质量认证（UNWTO-TedQual），通过研究国际认证指标体系、推进机制体制改革创新、转变教育教学与管理服务模式等方式，将国际行业标准引入学校办学各个环节，让学校教育理念与办学模式不断与国际接轨。2018 年 4 月酒店管理、旅游管理、烹饪与营养、空中乘务、旅游英语五个专业以高分通过认证，成为江苏首家获得该项国际认证的高职院校，该认证是唯一由联合国旅游组织颁布的国际知名旅游教育质量认证。按照国际认证要求，学校构建了以学生为核心的雇主、教师、课程、管理五位一体的全面质量管理体系，激发了教师教学创新活力，有效提升了专业教育质量。学校还将联合国世界旅游组织所颁布的《全球旅游伦理道德规范》，纳入学生专业教育之中，提升学生国际视野的同时，培养优秀的旅游国际化人才，让更多学生走向世界。

三亚中瑞酒店管理职业学院引进了瑞士洛桑酒店管理学院（EHL）的学术认证体系，双方可实现学分互认，共享洛桑在全球的教学、实习、就业等资源平台。洛桑酒店管理学

① 《浙江旅游职业学院高等职业教育质量报告 2019》。
② 《北京财贸职业学院高等职业教育质量报告 2019》。

院在校园建设、教学计划、课程设置、教师培训等方面为学院提供支持和咨询服务。通过提供课程学习目标、指导编写教学计划、开展教师 QLF 培训项目、委派洛桑专业教师到校授课等方式对教育教学加以指导，并每年一次来三亚中瑞酒店管理职业学院实地进行学术检查和督导。

通过国际化标准和认证的接轨，旅游职业院校办学目标更加明确，人才培养标准更加科学，未来将在全球化的舞台上展示中国旅游职业教育的风采。伴随着旅游职业教育国际化办学规模不断扩大，我国旅游职业教育的国际影响力将持续拓展，国际化道路将越走越宽。

三、合作办学，打造国际化育人课程

中外合作办学机构和项目，作为我国旅游职业教育实施国际化教育的重要途径之一，在培养和引进国际先进的技术、教学方法和教学团队方面，无疑具有强大的支撑和引领作用。在融合西方先进教育教学理念的同时，中外合作办学机构可以整合两校或多校的教学资源，着力培养符合国际标准的创新型、应用型、复合型人才。

南京旅游职业学院现有中外合作办学项目 1 项，和澳大利亚威廉·安格里斯技术与继续教育学院合作举办酒店管理专业专科项目，通过该项目学校已引进 13 门澳方全英文课程和教材，在此基础上，中外双方共同开发全英文课程 1 门、双语课程 1 门，学校还将《酒店市场营销》《餐饮管理》《厨房管理》共 3 门澳方课程内化，并在部分班级进行了试点教学，促进了专业建设和国际化人才培养①。

浙江旅游职业学院设有非独立法人中外合作办学机构——中澳国际酒店管理学院，在莫斯科成立的中俄旅游学院是浙江高校在俄罗斯设立的第一所境外办学机构，不断深化“开放多元、互融共建、文化分享”的国际化办学机制。学院与瑞士洛桑酒店管理学院、澳大利亚威廉·安格理斯学院、英国谢菲尔德哈勒姆大学、意大利 ALMA 国际餐饮学院、俄罗斯国立旅游与服务大学、韩国顺天乡大学、中国台湾高雄餐旅大学等 18 个国家和地区的 40 多所高校建立长期稳定的合作关系，与美国迪士尼公司、阿联酋迪拜豪华酒店集团、意大利歌诗达邮轮集团、日本温泉饭店等 80 余家全球顶尖旅游企业建立紧密型合作关系，每年出国（境）留学、研修、实习、访问的学生占毕业生总数的 10% 以上，同时招收来自韩国、日本、俄罗斯、荷兰等国留学生近百名，聘请外籍教师 30 余名。2017 年、2018 年连续两年被评为全国“高等职业院校国际影响力 50 强”②。

浙江商业职业技术学院推行“现代学徒制”来华留学生培养模式。2018 年，学校共招收 101 位尼泊尔全日制留学生。学校充分利用酒店管理专业优势，并紧紧依托浙商职教集团这一平台，与雷迪森旅业集团开展密切合作，推行校企双主体育人，积极尝试来华留学生的现代学徒制教育。在整个育人过程中，由学校教师和雷迪森旅业集团管理人员所组建的“师傅”团队通过“校内、校外双课堂”“学生、学徒双身份”“双导师”“双课程”“双

① 《南京旅游职业学院高等职业教育质量报告 2019》。
② 《浙江旅游职业学院高等职业教育质量报告 2019》。

文化”组织教育教学工作，并根据职业岗位需求共同制定酒店管理专业课程标准及能力要求；同时，加入汉语语言课程、中华优秀传统文化课程和“游在浙江”的文化体验项目，旨在加强文化交流，展现美好浙江，传播中国好故事。这种现代学徒制模式中“师徒”的密切关系，不仅有利于留学生知识和技能的双提升，而且还培养了一批知华、友华、亲华的跨国使者，真正实现了“民心相通”①。

当前，已有多所高等、中等旅游职业院校开展合作办学项目。多途径、多形式、多元化的国际合作交流工作实现了旅游国际化人才的本土培养，提高了学生国际视野和跨文化交流能力以及教师国际化教育理念与教育教学能力，提升了学校国际化办学水平和层次。旅游职业教育国际办学已经帮助越来越多学子走出国门，为我国培养高端技能型人才提供了更多方法，让旅游职业院校学生享受更好的教育与机遇。伴随着旅游职业教育国际化办学规模不断扩大，我国旅游职业教育的国际影响力将持续拓展，国际化道路将越走越宽。

四、师生对外交流和培训学习频繁

我国的职业教育相比于西方发达国家起步相对较晚，引进国外的先进教育理念和先进办学模式是迅速提升我国职业院校办学水平的重要手段。旅游职业院校要积极探索国际化办学途径，积极参加或促成国际间交流合作，通过两国之间互访、听取学术报告、参加专业论坛等方式合作交流。要提高国际化水平，加强与国外高职或大学的互访交流是必经之路，通过互访交流，借鉴发达国家旅游职业教育经验，促进了合作意向的达成，教育教学水平的提高。

在浙江旅游职业学院，85% 的一线教师与管理者有国（境）外学习培训、考察访问经历。青岛酒店管理学院组织管理人员和教师赴境外接受高端职业教育培训；鼓励和支持教师参加高端国际学术会议；争取政府项目支持，拓展教师到境外研修学习渠道②。

江西旅游商贸职业学院 2018 年有 2 名管理干部赴美国开展教育交流和合作，2 名教师赴韩国牧园大学攻读博士学位，1 名教师赴日本法政大学学习进修，1 名学生赴日本冈山商科大学攻读本科学历，1 名学生赴韩国又石大学攻读本科学历，3 名酒店管理专业的学生赴新加坡高薪就业，4 名旅游日语专业的学生赴日就业，2 名学生赴马来西亚城市大学游学归来③。

2018 年，云南旅游职业学院共送出 62 名学生分别去往泰国和日本进行交换学习和实习。其中，11 名学生赴泰国甘烹碧大学学习，27 名学生赴泰国清迈大学学习，16 名学生赴泰国那黎宣大学学习，3 名学生赴泰国担任汉语教师进行实习，5 名学生赴日本温泉酒店协会实习④。

① 《浙江商业职业技术学院高等职业教育质量报告 2019》。
② 《浙江旅游职业学院高等职业教育质量报告 2019》。
③ 《江西旅游商贸职业学院高等职业教育质量报告 2019》。
④ 《云南旅游职业学院高等职业教育质量报告 2019》。

2018年，北京财贸职业学院派出由10名处级干部组成的高等学校精细化管理团组赴台湾治理科技大学、龙华科技大学和高雄餐旅大学进行学习与交流，围绕如何支持校园教学科研工作，提升综合管理与服务水平，学习借鉴台湾高校的先进理念和经验。同时，还先后接待了来自英国、丹麦、澳大利亚、新西兰、加拿大、泰国等国家和地区29个团组的访学交流，与多所大学签署了合作交流协议，接待来访实习达到745人天①。

中外合作办学不仅要关注国际化人才培养过程中教育方面的内容，同时也要特别关注不同国家间的文化差异。相互的交流访问能够了解对方文化习俗，通晓国际趋势，加强双方理解和磋商。在相互交流后，达到国际化与本土化的有机融合，为旅游职业教育的国际化办学发展提供更强有力的人才支持、智力支撑和知识贡献。另外，也加强了教师之间的教学交流、学术交流和科研合作，推动了相关建设，进一步提升办学水平。

五、积极参加国际比赛，境外获奖数量有所增加

旅游职业院校参与国际比赛次数增加，境外获奖数量也有所增加。参加国际比赛，有利于展示我国旅游职业教育的培养成果，是中外学生技能比拼的大赛场，是推进旅游职业教育国际化的有益尝试。大赛的特点有利于全面展示我国旅游职业人才的培养质量，也为我国培养旅游职业技能人才提供技能提升的路径，深化了中外旅游职业教育的交流。

太原旅游职业学院2018年积极参加中国国际烹饪比赛，赵琦在第二十届FHC中国国际烹饪比赛中获银奖；白文福、冀星驰、李露在第二十届FHC中国国际烹饪比赛中获铜奖；杨勇老师在第二十届FHC中国国际烹饪比赛中获两项铜奖②。

黑龙江旅游职业技术学院2018年学生任帅在中俄学生烹饪技能大赛中获二等奖；李想在中俄学生烹饪技能大赛中，获三等奖③。

浙江旅游职业学院2018年学生获奖数量颇多。张锦慧在2018GTTP全球旅游案例研究大赛中国区选拔赛获一等奖；高任飞在2018GTTP全球旅游案例研究大赛中国区选拔赛获特等奖，在2018GTTP全球旅游案例研究大赛总决赛获一等奖；王玥在2018GTTP旅游摄影大赛中国区选拔赛获一等奖；王李宝艺在2018GTTP英文写作大赛中国区选拔赛获一等奖；季媛玥在2018GTTP英文写作大赛中国区选拔赛获二等奖；沈家祺在2018GTTP旅游摄影大赛中国区选拔赛获二等奖；Escoffier厨皇国际名厨协会青年人才奖杭州赛区选拔赛获冠军；刘西亚在2019法国Escoffier厨皇国际名厨协会青年人才奖杭州赛区选拔赛获亚军；阎晗在2018法国Escoffier厨皇国际名厨协会青年人才奖中国赛区选拔赛获冠军；李威在第二十届FHC中国国际烹饪艺术比赛获银牌；田左在第二十届FHC中国国际烹饪艺术比赛获银牌；闫柏冰在第二十届FHC中国国际烹饪艺术比赛获银牌；李德程在第二十届FHC中国国际烹饪艺术比赛获银牌；钱臣泸在第二十届FHC中国国际烹饪艺术比

① 《北京财贸职业学院高等职业教育质量报告2019》。

② 《太原旅游职业学院高等职业教育质量报告2019》。

③ 黑龙江旅游职业技术学院官网 http：//www.ljlyzy.org.cn/。

赛获银牌；沈羽嫣在第二十届 FHC 中国国际烹饪艺术比赛获铜牌；杨周竺在 2018AFA 韩国世界厨艺大赛获金奖；陈汝汝在 2018AFA 韩国世界厨艺大赛获金奖①。

第三节　旅游职业教育集团发展

一、旅游职教集团现状与信息

职业教育集团是职业院校、行业企业等组织为实现资源共享、优势互补、合作发展而组织的教育团体，是近年来我国加快职业教育办学机制改革、促进优质资源开放共享的重要模式。职业教育集团的组成主体包括政府机构、行业组织、企（事）业单位、职业院校、研究机构和社会组织等六类。2014 年 6 月，《国务院关于加快发展现代职业教育的决定》（国发〔2014〕19 号）指出“鼓励多元主体组建职业教育集团，鼓励中央企业和行业、龙头企业牵头组建职业教育集团”，这为新一轮职教集团组建和运作提供了政策支持。在政策的支持和引导下，职教集团的发展进入有组织、有序列的快速建设期，以高等职业院校为牵头单位组建的职教集团模式也逐渐呈现。2015 年 6 月 30 日，教育部印发《关于深入推进职业教育集团化办学的意见》（教职成〔2015〕4 号）。该《意见》充分认识深入推进职业教育集团化办学的重要意义、加快完善职业教育集团化办学的实现形式、全面提升职业教育集团的综合服务能力、不断强化职业教育集团化办学的保障机制。

根据本调研组进行数据收集，目前我国旅游共有旅游类（含餐饮）职教集团 64 个，其中，由中等职业学校牵头承办的旅游职教集团 28 个，占比 44%，高等职业院校牵头承办的旅游职教集团 36 个，占比 56%。其中中等职业院校牵头承办的旅游职教集团基本为市一级层次的区域性旅游职教集团，主要服务于地方政府、企业和经济，高等职业院校牵头承办的职教集团涵盖了省级、市级层次，体现了区域性覆盖更广，联合单位范围更大，联合企业类型多的特点。

表 5–3　我国旅游职业教育集团信息一览表

序号	省份	名称	成立时间	牵头单位
1	北京市	北京市西城区旅游职业教育集团	1992	8 所高职院校
2	天津市	天津旅游酒店职业教育集团	2008	天津职业大学
3	河北省	河北旅游职业教育集团	2008	河北旅游职业学院
4	河北省	秦皇岛旅游职业教育集团	2012	秦皇岛职业技术学院
5	山东省	山东旅游职业教育集团	2010	山东旅游职业学院
6	山东省	济宁旅游职业教育集团	2015	山东理工职业学院

① 《太原旅游职业学院高等职业教育质量报告 2019》。

续表

序号	省份	名称	成立时间	牵头单位
7	山西省	山西省旅游职业教育集团	2008	山西旅游职业学院
8	山西省	晋城市旅游职教集团	2017	晋城职业技术学院
9	山西省	运城文化旅游产业职业教育集团	2016	运城学院
10	辽宁省	沈阳旅游职业教育集团	2006	沈阳市旅游学校
11	辽宁省	抚顺市大旅游职教集团	2017	抚顺现代服务学校
12	吉林省	北方旅游职业教育集团	2009	吉林电子信息职业技术学院
13	吉林省	长春市旅游职业教育集团	2014	长春职业技术学院
14	吉林省	白山市旅游职业教育集团	2014	白山职业技术学校
15	黑龙江	黑龙江商贸旅游职业教育集团	2011	黑龙江旅游职业技术学院
16	上海市	上海旅游职业教育集团	2009	上海旅游高等专科学校
17	江苏省	南通旅游职业教育集团	2014	南通市旅游中等专业学校
18	江苏省	常州旅游职业教育集团	2010	常州旅游商贸高等职业技术学校
19	江苏省	江苏旅游职业教育集团	2005	金陵旅馆管理干部学院
20	江苏省	江苏餐饮职业教育集团	2007	江苏省扬州商务高等职业学校
21	江苏省	无锡市旅游职教集团	2011	无锡旅游商贸高等职业学校
22	江苏省	南通旅游职业教育集团	2014	江苏省旅游中等专业学校
23	浙江省	浙江旅游职业教育集团	2005	浙江旅游职业学院
24	浙江省	杭州职校旅游教育集团	2009	杭州市旅游职业学校
25	浙江省	慈溪市旅游职业教育集团	2014	宁波行知中等职业学校
26	浙江省	鄞州区烹饪职业教育集团	2011	古林职业高中
27	浙江省	宁波旅游会展产学研合作教育联盟	2011	宁波城市职业技术学院
28	安徽省	安徽旅游职业教育集团	2011	黄山旅游管理学校
29	福建省	宁德旅游职业教育集团	2010	宁德职业中专学校
30	福建省	福建旅游职业教育集团	2009	福建旅游学校
31	福建省	福州烹饪职业教育集团	2010	福州黎明职业技术学院
32	福建省	三明市商贸旅游职业教育集团	2014	三明职业技术学院
33	福建省	南平市旅游职业教育集团	2010	建阳旅游商贸学校
34	福建省	宁德市旅游职业教育集团	2010	宁德职业中专学校
35	福建省	福州市旅游校企合作联盟	2012	福建师范大学旅游学院

续表

序号	省份	名称	成立时间	牵头单位
36	江西省	江西旅游职业教育集团	2017	江西旅游商贸职业学院
37	江西省	江西旅游商贸职业教育集团	2011	江西旅游商贸职业学院
38	河南省	河南省旅游职业教育集团	2009	郑州旅游职业学院
39	河南省	焦作市旅游职业教育集团	2016	焦作市职业技术学校
40	湖北省	湖北省旅游职业教育集团	2008	武汉职业技术学院
41	湖北省	湖北省酒店管理职业教育集团	2013	武汉商学院
42	湖北省	荆州市旅游职业教育集团	2014	荆州职业技术学院
43	湖南省	湖南商贸旅游职业教育集团	2009	长沙商贸旅游职业技术学院
44	湖南省	岳阳旅游职业教育集团	2009	岳阳职业技术学院
45	广西壮族自治区	广西旅游职业教育集团	2017	桂林旅游学院
46	广西壮族自治区	中职商贸旅游专业集团	2009	广西南宁市第一职业技术学校
47	海南省	海南旅游职业教育集团	2008	海口旅职校
48	重庆市	重庆市旅游职业教育集团	2009	重庆市旅游学校
49	四川省	成都旅游职业教育集团	2009	成都职业技术学院
50	四川省	乐山旅游职业教育集团	2008	乐山师范学院
51	贵州省	贵州省旅游职业教育集团	2008	贵州省旅游职业学校
52	云南省	云南旅游职业教育集团	2009	云南旅游职业学院
53	云南省	玉溪市旅游职业教育集团	2003	玉溪第二职业高级中学
54	云南省	大理州旅游职业教育集团	2009	大理市中等职业学校
55	陕西省	西安旅游职业教育集团	2008	西安旅游职业中专
56	甘肃省	天水旅游职业教育集团	2010	甘肃省工业职业技术学院
57	甘肃省	兰州旅游职业教育集团	2012	兰州旅游中等专业学校
58	甘肃省	甘肃省商业与旅游服务业职业教育集团	2015	兰州市商业学校
59	广东省	广州市旅游商务职业教育集团	2011	广州市旅游商务职业学校
60	广东省	广东旅游职业教育集团	2012	广东省旅游职业技术学校
61	广东省	清远旅游职业教育联盟	2014	清远职业技术学院

续表

序号	省份	名称	成立时间	牵头单位
62	新疆维吾尔自治区	新疆特色餐饮校企合作职业教育集团	2013	新疆职业大学
63	青海省	青海旅游职业教育集团	2017	青海师范大学
64	内蒙古自治区	包头市旅游学院职业教育集团	2016	包头市旅游学院

资料来源：课题组根据调研数据、网络数据整理。

二、旅游职业教育集团作用与成果

自1992年第一家旅游职业教育集团北京市西城区旅游职业教育集团成立以来，旅游职业教育集团在推行“政、行、企、校”四方联动，服务与旅游产业建设，实现旅游职业教育与旅游产业优势互补、资源共享上作出了重要贡献。旅游职业教育集团搭建起了校企、校政和校校合作的平台，满足旅游产业发展对高素质、高技能应用型人才的需求，按照政府推动、市场引导、服务需求、就业导向，产教融合、特色办学的原则，各成员单位通力合作，在旅游人力资源开发、旅游创新创业、继续教育培训、实习实训基地建设、旅游课题研究等方面都展开过有针对性的合作，能够发挥“集团性社会效应”，有一定的成果和效果。

（一）促进校企合作，搭建合作平台

旅游职业教育集团能够促进校企双方共搭平台，互为基地，达成行业企业共生共长、互惠双赢。在集团的引导和促成下，校企双方实行深层次的校企合作，企业为学校提供资金、设备、技术、师资、管理经验、耗材、实习场所，全方位参与学校的教学活动，使生产与教学同步、企业管理与学校管理同步，实现校企之间的无缝对接，最终促进了企业的快速发展和质量提升，也促成了学校教学质量水平的提升。

例如在广州市旅游商务职业教育集团下，牵头单位广州市旅游商务职业学校和成员白天鹅酒店集团进行了深度合作，创新型搭建了校企合作“三平台三基地”模式。校企共同搭建了“人才培养平台”“校企资源共享平台”“标准共建平台”，共建三个基地：“师生实习实训基地”“企业培训基地”“就业、创业基地”，其中，“企业培训基地”设置在白天鹅宾馆集团，白天鹅宾馆是校师生行业实习实践基地，学校也是白天鹅宾馆的培训基地，在这一意义上两者互为基地。“就业、创业基地”建设中，广州市旅游商务职业学校在“校企深度合作”的理念指引下，把企业的研发中心引入学校，以培养学生实践技能、提高就业竞争力为目的，建立产教研一体的研发中心，争取政府支持，与白天鹅酒店集团、诚品咖啡合作，由酒店管理专业、烹饪专业参与建设“中职生创业基地”，满足职业教育

的多元出路需要。集团牵头单位广州市旅游商务职业学校与白天鹅宾馆集团等企业在长期合作中，保持畅通的校企沟通平台，互相协作，同创辉煌。

（二）聚集合作优势，扶持校企共进

在旅游职业教育集团的组织下，形成多种合作机制，使集团下各高职、中职旅游院校与集团成员单位一起承担旅游类人才培养的任务，使学校的教育资源和企业的产业资源有效结合，校企共进。

北方旅游职教集团牵头单位吉林电子信息职业技术学院联合企业成立专业建设委员会，委员会通过立项对企业人才需求现状进行系统化、科学化评估，根据评估结果制定对于高职人才整体素质和技能层面的标准；学校根据上述标准，结合自身师资、实训条件等资源现状与集团旅游企业协商制订人才培养方案。集团旅游企业义务提供技能师傅、实训场地及设备等教学资源。北方旅游职教集团推行院校“ABC 学徒制”合作模式，由职教集团成立“现代师徒制双选委员会”，由学校、企业人力资源相关人员组成，主要是考查、投票选出施行现代师徒制的成员单位。在拟定的成员单位中要建立“学徒遴选小组”，主要由企业人力资源负责，完成对拟定学徒的初选考核，最终确定学徒身份，分配技能师傅等工作。“双选”的意义在于基于职教集团加盟的众多企业形成现代师徒制培养梯队，企业在双选制所显现出的竞争机制中发挥资源优势，同时享受人力资源最惠企业待遇；学校的学生作为准学徒，也在双选机制中增加学习技能的积极性，同时得到了更好的培养和拟就业平台。在现代师徒制的双选模式中，企业、学校、学生的目的达到了统一，企业明确了招收学徒的方向，学校明确了培养目标，学生明确了学徒身份的转变。

成都旅游职业教育集团（以下简称集团）在“政府推动、行业主导、学校主体、企业参与、骨干带动”的原则上运行校企“双主体”管理体制和“一体两翼”长效机制，以国家骨干高职建设院校——成都职业技术学院和成都旅游行业龙头企业——成都文旅集团担任集团“双主体”为牵头单位，以集团理事会和旅游专业指导委员会、集团产销衔接事务部为成员，在人才培养、校企合作、服务产业方面提供优质服务。

（三）开展社会服务，激发融合活力

旅游职业教育集团以旅游职业教育类学校为主体成员，具有与经济社会产业发展联系最紧密、服务最贴近、贡献最直接的明显特征，在社会服务方面具有天然优势。而职教集团在服务国家、服务社会中，也凸显出高度的责任担当和社会价值。

河北省旅游职业教育集团 2018 年会上，集团理事长汤云航院长提出，2019 年的河北省旅游职业教育集团工作，将围绕国家三年创新发展行动计划的实施和河北省十三五教育发展规划来安排主要工作，集团工作总目标是服务发展、促进就业。服务发展首先是服务区域经济和社会发展，服务河北省全域旅游示范建设，服务集团中、高职院校的发展，服务集团内部校企合作的发展。

成都旅游职业教育集团以工作实绩，争取成都市教育局颁布了《成都市教育局统筹城乡职业教育“3+N”集团化办学实施方案》，出台了《成都市现代职业教育体系建设规划

（2014—2020年）》，通过政策鼓励，形成了企业参与、社会支持、学校联动的集团化办学格局。集团还承接了成都市教育局《制定组建职业教育集团的政策支持》的研究课题，为进一步推进集团化办学提供政策建议。组织专家力量，参与四川省和成都市标准化建设工作。截至目前，完成《民族地区乡村旅游服务规范》《四川省景区标准化工作指南》《四川省旅行社标准化工作指南》《四川省旅游饭店标准化工作指南》等5项标准的编制。作为四川省地方标准得以发布推广，推动了四川旅游产业的规范化、标准化建设，提升了四川旅游产业的服务质量。

在社会服务过程中，院校加强了实际能力的锤炼，也得到了育人平台的提升，对院校、企业、社会都有实际的好处和作用。

三、问题和建议

目前，职教集团“合而不谋”是职业教育集团化办学过程中遇到的首要问题。目前我国已经成立多个旅游职教集团，大部分依靠契约、联盟等松散型方式建立，集团成员之间尚未形成紧密的产权联结，成员间合作关系不紧密，集团内部管理体制和运行机制也不够健全，加之政府无法直接硬性干预集团运行，致使集团成员各方主体各自为政，权益不能得以充分体现，职教集团对旅游职业教育发展的推动作用不能有效发挥。目前，调研组分析目前旅游职教集团的问题和建议如下。

（一）组织机构性质不明确

职教集团作为集团化合作新型组织，其性质和法律地位尚未得到明确，致使职教集团长期处于依附状态。60%左右的旅游职业教育集团未经备案成立，既没有独立的法人地位和产权，也无法独立承担起相应的责任和义务，这与希望寄予的地位和作用很不相称，已直接影响了社会对集团的认可和集团的自身发展。因此，尽快争取各部门支持，办理集团登记注册，确认旅游职教集团组织机构性质，保障集团发展所需人力和经费来源，是目前亟待突破的重大环节。这就需要各级政府部门结合实际，完善配套政策。而同时，旅游职教集团也必须科学制订发展规划，拓宽集团服务定位，加快自身组织建设，在职教集团组织体系、管理制度、集团化办学民主决策等方面构建良性机制。

（二）校企合作利益点不均衡

旅游职教集团的成立承载了多方期望，职教集团在组建和运作中，行业企业、院校、政府之间是一种利益共同体的关系，在职教集团的运行中，各方希望达成的目的各不相同，既能实现共同利益，又有侧重点的不同区分，因此产生了校企合作的不均衡，也由此导致了校企合作的不深入。从政府角度来看，政府希望地方政府、行业、企业共建融产学研、创新创业等为一体的孵化园、产业园、科技园，形成职业教育链条，学校和企业共生共荣，形成良性循环；从学校角度来看，学校希望获得企业资源，例如行业师资力量、学生实践机会、实习实训基地，希望通过学校、企业深度合作，教师、师傅联合传授，对学生以技能培养为主的现代人才培养模式，是深化产教融合、校企合作，推进工学结合、知行合一的有效途径；从企业角度来看，企业希望获得学校的智力支持，例如旅游企业规划、旅游资源评价等智囊服务，同时还希望获得人力资源，包括毕业生、实习生、对口培养的订单班和命名班，等等。有针对性地培养上岗即能用的技能型人才到企业来。以上角度虽然落点均为校企合作，但在松散的集团管理下，是否能够准确契合，尚待进一步寻找模式。

利益诉求点不同，就要求旅游职业教育集团在政策层面出台改革创新的方案，使职教集团的战略地位、发展方向、基本路径和要求能够明确。在校企合作的过程中要关注是否让职教集团的每个成员真正融入到职教集团中，根据各成员之间的利益需求，在做到同时兼顾各方利益的基础上，需制订比较详细、具体的运作方案。通过运作方案，再加上各集团内部的实际情况，完善集团理事会制度和内部管理体制，加强内部管理。

（三）产教融合层次不深入

对集团理事会及其分支机构需要解决的问题不够明确，尽管校企双方人员为了共同的双赢而努力，但利益共同切入点把握不到位，不了解合作教育的深层问题。理事会讨论的问题多在顶岗实习、毕业生就业、兼职教师乃至企业赞助等初级层面，而不能涉及共建专业、共建课程、共建资源、职工培训、技术研发、协同创新等较深层次问题；解决的多是企业劳动力不足、职工转岗培训、企业当年招聘计划等临时性问题，而不是企业转型升级、技术进步、混合所有制办学、现代学徒制人才培养等长远性、根本性问题。因此，要做好旅游集团产教融合深入，一是调动学校的办学积极性。明确学校的权利和义务，位置和作用，明确在未来一个时期为经济产业哪些岗位培养什么样的人，育人的标准和要求有哪些，与企业在哪个生产阶段有协同育人节点。二是调动行业企业参与育人的积极性。同样也要明确行业企业的权利和义务，位置和作用，明确行业企业要为自己的准员工提供哪些“营养”，共建什么实训场地，配备什么样的企业师资，落实校企合作培养方案。学校与企业都必须遵守，运用政策资源，形成既有分工又有协同的新机制，为职教集团和政校企联动发展注入动力，使各个链条成为互为支撑、互惠互利的共同体。

（四）社会服务运行机制不灵活

旅游职业教育集团要强化自我运作的主体性和职责性，使旅游职业教育集团能够成为服务社会、运作项目的独立力量。旅游职业教育集团组织结构比较松散，因此加强社会服务是旅游职业教育集团受到社会关注和认可的方式和模式之一，在社会服务的过程中，旅游职业教育集团也能够进行运行机制和模式的自我检阅、自我更新，以有利于完成项目和服务，进行良好运转。社会服务是旅游职业教育集团的主要职责，坚持以服务发展为宗旨，以提升社会服务能力为责任，以促进就业为导向，就需要不断深化产教融合，充分发挥政府推动和市场引导作用，整合国内外院校、行业、企业、科研院所和其他社会组织等各方面力量，加强校企合作和校校合作，全面强化深度合作。

目前旅游类职业教育的集团化办学尚未成熟，还应该在探索中不断地创新，将西方或先进地区的经验与自身实际情况相结合，形成特色。

第六章　社会服务

社会服务一直以来都是职业教育的重要职能。提升社会服务能力、服务地方经济建设将为旅游职业院校发展带来更广阔的发展空间。经课题组调研，2018 年我国旅游职业院校在社会服务的深度、广度、持续度、有效度等各个方面有了实质性的进展，各类优秀案例层出不穷。本章将系统梳理旅游职业教育的社会服务现状，为旅游职业教育的研究、发展提供有益的补充。

第一节　旅游职业教育社会服务职责的内涵和作用

一、旅游职业教育社会服务的内涵

当代职业教育具备三大重要职能，即人才培养、社会服务和科学研究①，社会服务是当代职业教育的重要职责，也是当代职业教育的必备功能，更是当代职业教育的价值实现路径之一。为社会提供服务，既是职业院校的基本功能之一，也是高职院校的社会责任，人才培养和科学研究是社会服务的前提基础，社会服务是人才培养和科学研究的拓展延伸。

经济发展的社会服务参与度与贡献率，因其独有的影响力已经成为评价院校办学质量的重要指标之一。职业教育的服务宗旨也是为了促进地方经济的合理发展，提供符合区域市场需求的技能型人才，为社会经济发展提供智力支持等，所以各项职能归根结底的落脚点，还是社会服务。在与区域、政府、行业、产业、互动共生的过程中，旅游职业教育如何进行社会服务，社会服务的方式、途径，积累的经验和模式，最终形成了哪些服务成果，其中包含怎样的参考价值，这一系列问题都有待探索、分析与解答。

二、旅游职业教育社会服务作用

我国对职业教育的社会服务职能非常重视，多次申明职业教育需要发挥社会服务职能的重要责任。高职院校能否在不断变化的经济社会环境下较好地实现其社会服务的职能，是其实现高质量办学的一个重要评判标准。2010 年，教育部在《关于推进高等职业教育改

① 冯帆 . 职业院校教师科研能力提升的途径 [J]. 建筑工程技术与设计，2018.9.

革发展的若干意见》提到："强化社会服务功能是高等职业院校主动服务区域经济社会发展的一项重要任务，是建立校企合作长效机制的关键。"2012 年 6 月颁布的《国务院关于加快发展现代职业教育的决定》中再次要求："要同步规划职业教育与经济社会发展，协调推进人力资源开发与技术进步，推动教育教学改革与产业转型升级衔接配套。高职院校服务经济社会发展是政府的持续战略要求。"2014 年 6 月，国务院《关于加快发展现代职业教育的决定》中提到，要强化职业教育的技术技能积累作用，成为国家技术技能积累与创新的重要载体。2015 年，教育部印发了《高等职业教育创新发展行动计划》，提到高职院校服务发展的能力需进一步增强。技术技能人才培养质量大幅提升，高等职业院校的布局结构、专业设置与区域产业发展结合更加紧密；应用技术研发能力和社会服务水平大幅提高。2018 年 2 月，教育部等六部门印发《职业学校校企合作促进办法》，也提到了职业院校的部分社会职能，提出职业学校应当根据自身特点和人才培养需要，主动与具备条件的企业开展合作，积极为企业提供所需的课程、师资等资源。鼓励东部地区的职业学校、企业与中西部地区的职业学校、企业开展跨区校企合作，带动贫困地区、民族地区和革命老区职业教育的发展。以上这些政策和文件对旅游职业教育的社会服务工作提供了支持和指导，也使旅游职业教育的社会服务找到了引领和落脚点。2018 年，旅游职业教育的社会服务职能得以进一步展现，本调研组将对社会服务现状进行分析，并进行旅游职业教育的前景展望。

第二节　旅游职业教育社会服务现状分析

调研组调研情况表明，旅游职业教育社会服务能力逐年提高，服务类型增多，服务能力增强，社会服务领域拓宽明显，不仅在社会服务的频次和数量上有了明显提升，而且在服务的深度、广度、持续度、有效度等各个方面有了实质性的进展。本调研组就旅游职业教育的服务现状进行了深入调研，并就旅游职业教育的社会服务现状从多个层面进行详细的分析和剖解，希望借此呈现旅游职业教育社会服务图景，也借此使各旅游职业相关院校、专业进行借鉴，从而促进旅游职业教育社会服务能力的进一步发展。

本调研组将旅游职业教育社会服务现状从不同的角度进行了划分，目的是更好地进行分类分层的分析，也更明确旅游职业教育中社会服务的内涵、途径。

一、根据服务对象来划分

根据旅游职业教育社会服务的对象，本调研组认为目前旅游职业教育提供的社会服务主要包括：服务行业企业、服务区域地方、服务政府、服务社会组织四大领域。

（一）服务行业企业

技能大赛的承办是旅游职业教育为行业做出的重要服务之一。全国职业院校技能大赛是教育部发起并牵头，联合国务院有关部门及有关行业、人民团体、学术团体和地方共同举办的一项公益性、全国性职业院校学生综合技能竞赛活动，是职业院校教育教学活动的重要形式和有效延伸，也是完善职业教育和培训体系的关键路径。形成了校赛、省（地市）赛、国赛的三级大赛机制，为弘扬劳模精神和工匠精神，营造劳动光荣的社会风尚和精益求精的敬业风气提供了重要载体，旅游职业院校仅仅承办了每年的中职旅游服务、酒店服务赛项、高职导游服务赛项、中餐主题宴会设计赛项、西餐宴会服务赛项，还有很多旅游职业院校承办了省赛赛项，为技术技能人才培养提供了锻炼和交流平台。

2018 年，由包头服务管理职业学校承办了全国职业院校技能大赛中职组酒店服务赛项，南京旅游职业学院承办了全国职业院校技能大赛高职组导游服务赛项，其中南京旅游职业学院本次大赛共有 353 名同学参加本次大赛的志愿服务，102 名同学被评为优秀志愿者，为大赛的成功举办做出了实际工作。大赛的举办，不仅为参赛选手搭建了展现风采的广袤舞台，达到以赛促学的良好效果；同时也为专业对接产业提供了重要平台，促进了产教融合、校企合作，深化了职业教育改革，增强了职业教育的影响力和吸引力；更为各省市、自治区打开了展示职教发展的明亮窗口，培养和激励更多的优秀旅游业人才脱颖而出，推动高职教育改革与发展不断迈向新台阶。

还有很多旅游职业院校承担了省（地市）级别的大赛承办任务，比如辽宁现代服务职业技术学院成功承办 2018 年沈阳职业院校技能大赛（中、高职学生组）导游服务和酒店服务三个赛项，该大赛以全国职业院校技能大赛为参照标准，三个赛项同时进行，吸引了来自沈阳市、抚顺市、营口市、铁岭市等 8 所高职院校、10 余所中职院校的 60 余名选手参赛。大赛聘请到世界技能大赛餐厅服务项目中国培训基地的项目经理以及参加世界技能大赛的选手进行赛项展示，学习高水平的赛事标准，促进了职业院校专业技能和职业素养的提升，对教学改革、专业建设等方面都有极大的促进作用。

（二）服务区域地方

区域产业与高职教育是一种双向互动、互为促进的关系。一方面，高职教育的发展要受制于区域产业的技术结构、劳动力结构和经济效益，而区域经济为职业教育发展提供必要的政策资源、财力资源和平台资源；另一方面，高职教育培养的高素质、高技能、应用型人才将为区域产业发展提供高质量人才支撑和高水平技术服务。在以人才培养支援地方区域以外，旅游职业教育还应积极主动加强对地方经济的服务，从旅游产业发展需求和产业布局为出发点，积极开展社会服务工作，为旅游职业教育发展以及区域经济社会的发展作出应有贡献。

南京旅游职业学院成立了江苏中心旅馆管理咨询公司，坚持依托学校、联系行业、服务社会的功能定位，秉持“质量第一，客户至上”的服务宗旨，注重为经济相对欠发达地区的单体酒店提供专业、优质、高效的管理咨询服务。2017 年 9 月 1 日至 2018 年 8 月 31 日期间，咨询公司共为全国各地 12 家企事业单位提供酒店管理及咨询专业服务。咨询公司针对各项目的特点，提供个性化问题解决方案，得到了业主的肯定和赞誉。①

① 《南京旅游职业学院高等职业教育质量报告 2019》。

江苏旅游职业学院为充分发挥校企双方平台优势、资源优势，进行多途径、多领域的双赢合作，推动扬州文化旅游产业发展，保护与传承扬州历史文脉，学校与扬州广播电视传媒集团共建文旅产品研发生产基地，为地方产业融合发展和文创产品的开发达成共识，在进一步产教研深化融合中为传统工艺的传播与发展提供有力保障。

重庆旅游职业学院深化与渝东南当地旅游企业（巴拉胡、濯水古镇、浦花暗河、土家十三寨景区）的合作，在建设导游大师工作室基础上专门进行土家族文化讲解实训项目，项目主要是渝东南地区景区的实景讲解。重庆旅游职业学院在黔江濯水古镇等当地旅游企业建立爱心导游服务站，为企业提供免费导游讲解服务，缓解了旅游企业的旺季用人需求，学生们以良好的讲解服务技能为企业补充了导游力量。

北京财贸职业学院旅游与艺术学院专业师生 2018 年派遣 7 名专业教师组织的 66 位学生到延庆古村落胡家营村探访并绘制墙绘壁画，助力乡村文化建设。通过前期实地调研，师生最终确定以社会主义核心价值观、冬奥、农村生活和农耕场景为壁画主题内容。以墙绘为载体，倡导文明、宣传公益、宣传新乡村文化、推动乡村品牌建设以及帮助乡村提升品牌形象。通过本次壁画绘制活动，立足专业特长，开展个性化精准帮扶工作，既美化了乡村环境，也营造了文明和谐的文化氛围，同时为丰富村民文化生活贡献了自己的一份力量。

天津职业大学旅游、酒店等专业为雄安新区市民服务中心开展专业接待工作，为雄安新区建设发展提供了技术技能人才支持。2018 年天津职业大学发挥人才优势，主动对接雄安新区首个高起点规划、高标准建设的城建项目——雄安市民服务中心，组织 20 名旅游、酒店专业学生，以认识实习、跟岗实习形式参与雄安市民服务中心首次对外开放接待工作。

长春职业技术学院面向社区开放学院优质教育资源，举办了学院社区教育培训活动月，积极开展社会公益培训活动，与园丁社区、茗月社区、富奥社区结成服务对象，开展了“青年志愿联盟启动仪式”、关爱弱势群体、文体小讲堂、文化演出等丰富多彩的系列活动，利用所学技能走进社区、服务社会。从旅游咨询、家居设计等小事做起，促进专业技能的学习提高，为社会人才的终身学习提供便利。

深圳职业技术学院与深圳市大鹏新区管委会签订战略合作协议，共建全国首家社区旅游学院，2017 年 10 月底正式揭牌开班。一年多来，学院依托深职院的学科优势和平台整合能力，构建了“技能培训—职业认证—就业推荐”的闭环型旅游人才培养模式，支持社区居民就业创业，实现惠民富民。学院创新培训方式，通过课堂授课、现场教学、送课上门等灵活的方式，已完成四期共计 320 课时的培训工作，累计培训社区居民和旅游企业员工 3170 人次。学院主动配合新区开发大鹏“党建＋旅游”系列课程，传承红色基因，讲好大鹏故事，做实红色旅游与红色文化传承研究。学院还为深圳市大鹏新区承担了对口帮扶广东河源、广西巴马两地的旅游扶贫培训课程，树立了职业院校服务地方产业发展的一面旗帜[①]。

（三）服务政府

我国目前的政府社会职能正在慢慢分流，政府需要向社会组织进行购买服务项目，这是今后的必然发展趋势。旅游高职院校基于自身的社会服务功能，需要更新观念，提高服务意识，加强服务功能，在提供社会服务方面不断寻求新的路径。因此，旅游高职院校要建立服务政府职能的意识，首先要树立主动的社会服务意识，主动地服务于政府部门相关需求，从而实现对区域经济社会发展的服务。

天津职业大学服务乡村振兴，与蓟州区穿芳峪镇政府签订合作协议，挂牌建立了“天津职业大学新型职业农民培训基地”“天津职业大学思想政治理论课教学实践基地”，面向本地农民开展专业技能和素质提升培训，帮助农民向新型职业农民转型。开展了“携手新征程，奋进新时代——聚焦 2018 全国两会”思政课专题讲座，针对当地旅游产业“乡村旅游景点设计及旅游产品电子商务营销需求”开展实地调研。[②]

海南职业技术学院为政府出谋划策，推进海南民宿经济发展，成果获得海口市委采用推广。海南是我国第一个省级全域旅游示范区创建单位，承载着探索区域旅游发展新模式的实践重任。学校在对海口民宿经济的现状进行总结，并对其存在的问题进行细致分析的基础上，提出了“乡村旅游＋民宿”模式是让社区民众直接参与旅游开发和经营，从而获得利益的有效载体。该校的意见和建议被写入《关于进一步推进海口民宿经济发展的对策建议》提案中，该提案在政协海口市第十四届一次会议期间，不仅被政协海口市委员会评为优秀提案，还获得现市委书记张琦批示，成果被海口市委采用推广，对推进海南民宿经济发展起到了积极的促进作用。《关于进一步推进海口民宿经济发展的对策建议》获得了政协海口市委员会优秀提案证书。

浙江舟山群岛新区旅游与健康职业学院积极服务国际海岛旅游大会等舟山市大型活动和各类赛事，尽现旅健人风采。2018 年 3 月，学校与舟山市妇联合作成立舟山女子创业学院，并承接“岛居舟山·女主人成长”项目。同年 5 月，校领导赴普陀区对接校地合作。学校已制定《“走进普陀”工作方案》，下一步与普陀区在健康和旅游产业发展、师资人才交流、学生实习就业等方面开展全方位合作，主要一是建立区校常态化沟通机制；二是共建干部挂职锻炼基地；三是开展产学研合作，共建旅游产业研究院、健康产业研究院；四是支持学生实习创业，普陀区全力支持该校学生创业和社会实践，为学生创业和社会实践提供平台；五是合作打造“健康小区”试点。

地方政府还应继续加大对职业院校的扶持和引导，给予一定的优惠和政策机制，政府服务职能进一步履行与提升，旅游高职院校应在现有的机制上建立、完善、创新社会服务机制。学校也应建立相关服务激励机制，制订切合实际的激励方案，有效调动教师及其团队参加社会服务的积极性。

---

① 《深圳职业技术学院高等职业教育质量报告 2019》。

② 《天津职业大学高等职业教育质量报告 2019》。

（四）服务社会组织

职业院校青年志愿者作为我国志愿者群体的中坚力量，在扶贫、教育、助老、助残和大型活动等领域提供了大量的服务，向世人展示了中国大学生的风采，对于构建社会主义和谐社会、推进人类进步具有重要意义。旅游职业教育也在青年志愿者服务活动中展示了自己的风采，体现了较高的参与热情，是一种自愿的、不计报酬的，参与推动社会进步、促进人类自身全面发展的社会公益事业的精神。根据本调研组调研，旅游职业教育中，志愿者服务已经成为学生普遍参与的亮丽风景线。

安徽商贸职业技术学院学生志愿者为发起了“十里桃花　志愿有我”志愿服务活动，为平铺镇“乡村旅游桃花节”增添助力工作，受到社会各界人士的广泛好评。江西工业贸易职业技术学院旅游商务系开展了节水活动、携手居家养老公司开展“进社区、献温暖、送服务”志愿者活动、母亲节关爱孤寡老人志愿服务活动；云溪花园社区开展关爱儿童志愿服务活动等志愿服务。

浙江商业职业学院成功打造青年志愿者服务品牌为重大社会活动贡献力量。一是义务献血车进校园。配合浙江血液中心长期进行献血车进校园活动，师生奉献爱心、积极参与。二是低碳科技馆志愿者，与杭州低碳科技馆展开合作，宣扬低碳思想，提高大学生环保意识。三是杭州东站志愿者。2018 年春运期间，组织志愿者在杭州东站开始为期七天的志愿者服务，根据春运旅客普遍需要，对于老幼病残孕等重点旅客，开展引导咨询，秩序维护，重点帮扶、便民利民、应急救援等五个方面的志愿服务。四是服务第五届乌镇互联网大会。该院 35 位志愿者参与了这次志愿活动，为了更好地服务来宾，志愿者们提前到岗位上进行了培训，以最好最美的笑容来迎接各位领导及各方人士。五是志愿者参加了共青团拱墅区委、杭州市运河综保等单位主办的“助力四大专项，墅说健康青春”“香积祈福　新年走运”“保护大运河”等大型公益活动达 16 次，参与志愿者达 550 余人次。六是“文明礼让”站岗。“礼让斑马线”体现的是对行人路权的尊重和对生命的敬畏，更是一个城市应有的气质。志愿者们会穿上志愿者服戴上小红帽，每天分三个点去相应岗位站岗，引导来往的行人和过往的车辆。七是“双百双进”“三下乡”大学生暑期社会实践活动。赴松阳“青春之光”实践队等 2 个校级重点团队、赴松阳“传承松阳高腔，保护非遗文化”实践队等 6 个校级一般团队，开展文艺会演、反邪教宣传、防艾禁毒宣传等活动。八是组织学生投身浙江省大学生志愿服务我国西部计划和浙江省大学生志愿服务浙江欠发达地区计划。通过自愿报名、组织选拔，遴选电子商务学院徐苗苗至丽水市遂昌县石练镇、艺术设计学院陈影至新疆阿拉尔进行志愿服务工作和慰问老人。

江西旅游商贸职业学院旅游学院开展了包括 35 名志愿者前往东湖区滕王阁街道凤凰坡社区开展“学习宣传十九大，红色文化进社区”等一系列活动。

表 6-1　江西旅游商贸职业学院 2018 年度学校部分志愿活动一览表

序号	活动名称
1	“2018 年江西省全民终身学习活动周”总开幕式活动
2	2018 世界 VR 产业大会
3	暑期“三下乡”社会实践活动
4	“学习宣传十九大，红色文化进社区”系列志愿活动
5	第 45 届世界技能大赛餐厅服务项目江西选拔赛
6	2018 年全省“两会”
7	2018WTA 江西网球公开赛
8	金砖国家领导人第九次会晤
9	江西省第四届花卉园艺博览交易会
10	昌邑乡“非遗”传承志愿服务活动

资料来源：江西旅游商贸职业学院官网，http：//www.jxlsxy.com/

二、根据社会服务手段来划分

（一）科研智力支持与转化

旅游类职业院校的科研成果的应用和转化，不仅有利于学科建设，还在客观上推动了旅游业等服务产业的发展。比起本科院校的科研成果，高职院校的科研成果更具有应用性，企业应用起来也更有指导意义。

1. 社会培训

社会培训是旅游职业教育实习社会服务的途径之一。学校应鼓励广大师生以专业背景优势为支撑，充分发挥学校品牌效应和学科优势，积极开展旅游专门人才培训，服务行业、服务社会。与各省市旅游局、政府部门合作，开展全国各层次旅游专题培训，服务区域旅游经济的发展，为当地旅游专门人才的培养提供智力支撑；与教育部、旅游协会合作，开展全国高校旅游师资专项培训，提升专业教师综合素质和教学能力，助推专业教师职业生涯的发展；与旅游联盟、企业集团合作，开展优质旅游相关专题培训，推进全域旅游发展，促进区域旅游服务与管理水平；与行业协会、人社部合作，开展各类行业专业技能培训，弘扬工匠精神，培养从业人员实际应用能力，整体提升行业从业人员的服务意识和服务水平。

辽宁现代服务职业技术学院 2018 年为学院学生及社会上从业人员进行职业技能鉴定 1575 人次，进行中国航空运输协会国内客、货运员培训、技师培训、考评员培训、社区培训等共计 1063 人次。①

黑龙江旅游职业学院加强导游继续教育培训，提升导游服务质量。根据省旅游委的委

① 《辽宁现代服务职业技术学院高等职业教育质量报告 2019》。

托，黑龙江省旅游培训中心于 2018 年 4 月开始针对各地市导游员进行继续教育培训。此次培训是黑龙江省第一次对在职、在岗的导游人员进行继续教育培训，对推动该省旅游产业发展，加快实现旅游强省发展目标，规范导游管理工作，不断提升旅游服务质量和服务水平具有重要意义。本次培训共 7 期，共培训 1000 余人。其中，哈尔滨举办两期培训班，共培训导游员 600 人，共有哈市 344 家旅行社、旅游企业参加，伊春、绥化、森工都有导游员前来参加；齐齐哈尔举办一期培训班，共培训 100 余人，齐齐哈尔、大庆两地旅游企业参加培训；牡丹江培训班共培训 100 人，共有牡丹江、鸡西、七台河三个地市导游员参加；佳木斯培训班共培训 100 人，共有佳木斯、鹤岗、双鸭山三个地市导游员参加；黑河培训班共培训 50 人，黑河当地旅行社参加培训；大兴安岭培训班共培训 50 人。此次培训得到了黑龙江省旅游委的高度赞扬①。

漳州职业技术学院 2018 年与华安县旅游局联合举办华安县乡村旅游讲解员培训班；为漳州市妇联、漳州市旅发委、漳州市扶贫开发协会联合举办的“漳州市巾帼旅游扶贫培训班”开展培训。2018 年 4~6 月学校与华安县旅游局联合举办第三期 2018 年华安县乡村旅游讲解员培训班。培训内容包括华安土楼历史文化、导游基础知识、导游讲解技巧、旅游安全及应急救援、旅游信息系统操作、接待礼仪训练等校内实训项目以及华安土楼现场讲解活动。培训结束前进行专业考核，考核合格者获得由华安县旅游局颁发的华安县乡村旅游讲解员证，取得在华安县各景点从事旅游讲解工作的资格。此次培训班的举办旨在落实“一县区一协议”校地合作，培养打造综合素质高、业务能力强、热心为华安乡村旅游服务的乡村讲解员队伍，助力华安县打响“清新福建、清爽华安”旅游品牌，既是学校贯彻党的十九大精神，深入实施乡村振兴战略，助推精准扶贫的具体行动，也是落实国务院关于深化产教融合要求的重要举措。培训得到校地双方主要领导的高度重视和大力支持，下一步，学校还将与华安县在富美乡村建设、旅游从业人员培训等方面进行深度、长期合作。

南京旅游职业学院不断提升社会服务能力，将行业社会培训与旅游业时代特征相结合，继续强化“学在金陵”培训品牌建设，服务效应显著提升。2017 年 9 月至 2018 年 8 月共计为企事业单位培训员工 3204 人次，新开发专题培训课程 29 门，服务于旅游行业管理人员社会在职培训；创新培训项目课程设计，大力开展岗位培训、政府培训、旅游综合培训、送教上门等培训，圆满完成预期的培训任务；充分发挥学校天马职业技能鉴定所的作用，完成职业技能鉴定培训与考核 2745 人次；承接中西部地区帮扶培训项目 7 个，帮扶当地旅游行政管理人员、旅游企业管理人员、乡村致富带头人等拓宽发展视野，提升业务水平，增强营销和策划规划能力。

为响应国家精准扶贫号召，加大对西部地区的帮扶力度，2018 年 5 月至 6 月，南京旅游职业学院与南京市旅游委员会合作开展对口支援项目——西宁市乡村旅游专题培训班及商洛市全域旅游专题培训班，共计培训旅游行政、景区（点）、乡村点管理人员 99 人。

① 《黑龙江旅游职业学院高等职业教育质量报告 2019》。

通过合理的课程设置，实现教学模块化，构建全面、系统、针对性强的旅游行政及行业管理人员的培训内容，培训注重问题导向，知行结合，采用“理论学习—调研实践—分组讨论”的教学模式，分模块、分专题开展培训教学，有效拓展了西部地区旅游从业人员的专业视野，提高了业务水平，强化了其旅游产品开发及旅游规划创新能力和在全域旅游及乡村旅游发展中的带头作用①。

郑州旅游职业学院积极承担、承办各类技能培训活动，开办了 2018 年全国导游资格考试考前培训班、2018 年郑州市专业技术人员继续教育、2018 年河南省职业教育“双师型”教师培养培训班、2018 年河南省职业学校骨干教师培训班，培训人数总计 967 人。为郑州新郑国际机场、河南高速公路发展有限公司、中原高速公路发展有限公司、太昊伏羲陵景区、太行大峡谷景区、JW 万豪酒店、嵩山饭店、西安瓦库茶艺公司等多家企业提供了职业培训②。

安徽工商职业学院作为安徽省中等职业学校骨干教师培训基地和国家职业技能鉴定站，学校大力开展职业技能鉴定、继续教育培训、管理咨询、技术服务、对口援建等社会服务，取得了良好的社会效益和经济效益。2018 年学院积极开拓培训市场，提升服务质量，社会服务成绩突出，成为安徽省旅游发展委员会旅游人才培养基地，在旅游人才培养获得经费 30 万元 / 年③。

2018 年度，上海旅游高等专科学校举办各类非学历培训班共计 19 班次，培训近千人次，进一步凸显了品牌项目的优势，储备了优秀的师资力量，积累了丰富的社会资源，取得了良好的经济效益和社会效益④。

黔东南民族职业技术学院依据民族区域经济社会发展需要，不断拓宽各种形式的技术培训，已成为黔东南州脱贫攻坚的主战场，承担了产业扶贫和教育扶贫双重任务。2018 年学校广泛开展非遗传承人群培训、旅游从业人员服务技能培训、全州行政事业单位新进人员培训等社会培训，完成培训人次 2946 人次⑤。

旅游职业教育还要继续将培训工作作为实习社会服务的重要载体，面向全体劳动者特别是重点人群及技术技能人才紧缺领域开展大规模、高质量的职业培训，加快形成学历教育与培训并举并重的办学格局，为实现更高质量和更充分就业提供有力支持，使职业院校成为开展职业培训的重要阵地。要进一步针对企业需求，打造符合企业需要的培训课程，开发更多的实用性、适用性课程，在开展培训前做大量的企业调研、搜集问题、开发课程，帮助企业解决实际工作过程中所遇到的真问题，打造专门的培训市场开拓和运营队伍，组建相对独立的培训教学团队、研发团队、组织实施团队和服务保障团队等，从而保

① 《南京旅游职业学院高等职业教育质量报告 2019》。
② 《郑州旅游职业学院高等职业教育质量报告 2019》。
③ 《安徽工商职业学院高等职业教育质量报告 2019》。
④ 《上海旅游高等专科学校高等职业教育质量报告 2019》。
⑤ 《黔东南民族职业技术学院高等职业教育质量报告 2019》。

证职业培训高质量开展。

2. 横向课题

横向课题是相对于纵向课题而言的，纵向课题是指国家部委、省、市下达的课题；而横向课题是学校受社会企事业单位的委托，为企业提供科技开发、科技咨询、技术服务等方面的项目。职业院校以就业为导向，以社会产业为依托，服务地方经济为宗旨，旅游职业教育应通过校企合作推进横向课题的研究，有利于理论联系生产实际，提高教师的教学水平，能进一步强化旅游职业教育的服务社会能力和影响力。在 2018 年，我国旅游职业教育横向课题研究方面有了重大进步，更多的学校开展了与企业的深入合作，包括横向课题的开展与研究。也有一些学校和当地政府签订了横向课题合同，为政府进行服务，献计献策。

南京旅游职业学院 2018 年学校横向技术服务到款额为 109.52 万元，横向技术服务产生的经济效益 212.80 万元，纵向科研经费到款额 123.00 万元，技术交易到款额 271.03 万元，非学历培训到款额 591.97 万元。由此可见，南京旅游职业学院横向课题与纵向课题到款额比例达到了 0.89∶1，横向课题占比高，到款额数量大，产生的经济效益明显，成效良好[①]。

武汉城市职业技术学院修订了《武汉城市职业学院促进和提升科研工作的管理办法（试行）》，出台了《武汉城市职业学院促进社会服务工作的管理办法（试行）》《武汉城市职业学院横向科研项目管理实施细则》等一系列文件，明晰了科研成果管理的奖惩细则，从政策和制度层面鼓励全校教职员工充分发挥学校的资源优势和自身的专业特长，向企业用户提供科技开发、科技成果推广与转让、技术咨询等各种服务，服务“中国制造 2025”。武汉会宾盛宴酒店管理有限公司、武汉楚湘人家酒店管理有限公司、人众家园餐饮店进行了横向技术服务，产生效益金额达 210 万元[②]。

河源职业技术学院 2018 年派出科技特派员 38 人，相关团队成员 180 人，服务区域覆盖“五县二区”，为本地 100 多家企事业单位提供技术服务，承担横向科研项目 68 项，获得横向科研经费总收入 308.37 万元。其中旅游专业类横向课题包括《河源江东新区旅游业发展“十三五”规划》《服务质量满意度研究》《美丽乡村民俗文化搜集项目》《广州长隆酒店游客满意度调查研究》《温泉度假区旅游产品深度开发报告》《紫金县旅游业“十三五”发展规划》《万绿谷休闲度假旅游区员工服务质量提升研究》《万绿湖风景区创 AAAAA 服务质量提升工程》《国际连锁酒店与餐饮人才培养的研究》《国际连锁酒店与本土酒店企业文化对比研究》《广东省惠州康帝国际酒店员工忠诚度调查研究》《酒店服务质量影响研究（广东省嘉华酒店有限公司）》《酒店服务质量影响研究（广东省紫金县金鹅温泉投资有限公司）》《东莞欧亚国际酒店厨房员工满意度调查》等多个项目，合作单位包括了政府和企业，涵盖范围大，服务领域宽阔，对行业企业的支持维度广，合作层次深，效果良好[③]。

---

① 《南京旅游职业学院高等职业教育质量报告 2019》。

② 《武汉城市职业技术学院高等职业教育质量报告 2019》。

③ 《河源职业技术学院高等职业教育质量报告 2019》。

深圳职业技术学院与深圳市博物馆联合签订“非物质文化遗产传播实践”项目，本年度合同总经费 98.66 万元。该项目旨在深圳各辖区、学校、社区等范围内宣传和弘扬各区范围内有特色、有影响、有示范意义的传统非遗项目，宣扬中华民族优秀的传统文化，真正做到“非遗进社区、进校园”，增添了中华民族传统节日的文化气氛，提高了当代学生、社区居民的文化素养，同时也弘扬了中华民族的优秀传统文化①。

青岛酒店管理职业技术学院与省、市、区各级政府部门合作，本年度开展了《奋斗的青春最美丽青年文艺技能大赛策划执行方案》《中国国际蓝色旅游博览会现状调研与策划方案课题》等重大横向科研课题研究②。

南京城市职业学院旅游管理学院与合作企业共建产学研合作团队，共研高等职业教育教改与实习实训立项研究课题，2018 年旅游管理学院校企合作课题共立项 11 项，以深度思考推进深入实践，与企业在科研合作等领域不断营建纵深推进的拓展平台，充分发挥高职院校的社会辐射作用。

表 6-2 南京城市职业学院旅游管理学院校企合作课题一览表

序号	课题名称	课题类型	备注
1	高职院校“双导师”校企协同育人机制的研究与实践——以高职旅游类专业为例	江苏省高等教育教学改革研究课题	立项
2	基于现代学徒制的“3+3”中高职衔接一体化人才培养模式创新研究	江苏高校哲学社会科学基金项目	立项
3	“校企双链，工学结合”嵌入式人才培养模式的研究与实践	校重点教改课题	立项
4	跨文化视域下高职院校非英语专业学生翻译能力的培养	校资助课题	立项
5	“文化 +”时代旅游职业教育学生创意策划能力培养研究	校教改课题	立项
6	空中乘务专业现代学徒制招生招工一体化研究——以南京城市职业学院空中乘务专业为例	校教改课题	立项
7	高职酒店管理专业“双导师制”育人模式研究	校资助课题	立项
8	高职酒店管理专业毕业论文“双导师”指导机制研究	校重点教改课题	结项
9	南京古南都投资发展集团有限公司与南京城市职业学院“古南都班”订单培养研究	校横向课题	结项
10	基于“课证岗”融合的导游业务课程教学实践与改革	校教改课题	结项
11	高职旅游管理专业实践教学体系构建	校教改课题	结项
12	多参数矩阵式互动性培养模式研究——基于南京城市职业学院酒店管理专业现代学徒制探索	校教改课题	结项

资料来源：南京城市职业学院官网 https：//www.ncc.edu.cn/

① 《深圳职业技术学院高等职业教育质量报告 2019》。
② 《青岛酒店管理职业技术学院高等职业教育质量报告 2019》。

旅游职业教育必须更新观念、适应社会实际需求，通过横向课题的开展，积极兴办与社会企业相适应的专业，并把行业实际与教学密切结合，适时调整专业课程，拓展学生专业眼界，以实践知识为例加深学生对知识的理解，提升学生的专业综合能力和解决实际问题的能力。学校应转变传统观念，担起社会责任，结合教师业务水平实际，激励教师深入企业，发现企业一线需求，尝试进行横向课题的研究，为企业解决实际问题，提升企业员工的职业素养，为当地社会经济发展更好地服务。通过参与横向课题研究，可提高教师实践教学水平，促进双师型师资队伍建设，以科研促教学，提高教学质量。旅游职业教育加强横向课题的研究，有利于师资队伍建设。通过该横向课题的开展，也有效提高了企业处理实际问题的效率，加强了企业员工的技能水平，拓宽了企业员工的知识面，从而进一步促进了教学与企业实际相结合，加强了学校、企业的紧密联系。

3. 创新创业

随着中国经济转型升级，社会需要培养输送更多的创新创业人才，创新创业人才不仅要熟练掌握相关专业理论知识和职业技能，而且还需要具备创新意识和创业潜能，作为培养技能型人才的高职院校责任重大①。旅游职业教育在做好学生创新创业教育的同时，也同时输出了社会服务，学生的创新创业过程，本身也是为社会提供服务的过程。

郑州旅游职业学院成立了以党委书记、院长为主任，各部门主要负责人参与的创新创业工作委员会；出台了《关于做好该校大学生创新创业工作的实施意见》《郑州旅游职业学校大学生创新创业项目扶持管理办法（试行）》等相关文件，指导学校的创新创业工作；逐步形成了政府、社会、学校、学生四位一体的创新创业工作体系，建立了以学校为主导，各系、各部门通力配合的上下联动机制；将创新创业课程作为必修课纳入到教学计划，采取“走出去、请进来”的方式，提高教师业务水平，邀请行业精英、创业成功人士到校为学生进行创新创业讲座；投资 500 余万元建成了面积 1000 余平方米的创新创业服务中心，每年举办的创新创业大赛涌现出的优秀项目，经过审批程序落地到创新创业服务中心，起到孵化引领带动作用。截至目前，创业项目糖豆甜品店已投入运营，“Zing- 旅味”共享厨房和“葆美时”美丽健康网销平台两个项目入选了 2018 年郑州地方高校市级大学生创新创业训练建设项目，“Zing- 点心”项目入选了 2018 年郑州地方高校市级大学生创新创业实践建设项目。学校被评为“郑州市创新创业教育示范建设院校”②。

（二）技能支持与转化

1. 旅游规划

旅游高职院校已经具备了一定的旅游规划研究能力，并能组织专业教师为政府、景区编制专业旅游规划，在旅游规划编制的过程中，也有利于教学实践相融合发展。

南京旅游职业学院下设江苏紫金旅游规划设计研究院，积极对接社会需求，主动服务地方，2017 年 9 月—2018 年 8 月期间，为政府、企事业单位开展旅游发展规划、专项规

① 黄德斌 . 高职院校创新创业教育融入人才培养实践探索 [J]. 劳动经济，2018，10.

② 本调研组搜集整理。

划以及国家旅游度假区、A 级旅游景区、星级乡村旅游区创建规划等社会服务项目 14 项，项目范围覆盖全省、项目类型丰富多样，经济社会效益显著。在服务企业方面，协助山贡里人家创建成省四星级乡村旅游区，获得上级政府的旅游发展专项基金支持，促进了旅游企业的提档升级。在服务政府方面，为苏州市旅游局起草的《苏州市旅游公共安全事件应急预案》一起破解旅游业发展难题，为苏州旅游发展建言献策，有效地促进或保障了地方旅游经济的健康持续发展，得到了地方政府的高度认可和赞誉。

北京财贸职业学院为教育服务五大区域发展组建旅游规划专家小组，并到朝阳庙子沟特色小镇实地考察，并为其编制旅游规划。

2. 科研智库

发挥科研智库服务作用，可以使旅游职业院校在旅游区域、旅游产业中发挥更多实际功能。2015 年 1 月，中共中央办公厅、国务院办公厅印发《关于加强中国特色新型智库建设的意见》提出："发挥高校学科齐全、人才密集和对外交流广泛优势，推动高校智力服务能力整体提升，是构建中国特色新型智库发展新格局的重要组成部分"。旅游职业院校也应该为本区域产业转型升级输送高质量人才和智力支持，为区域现代化经济体系的良好运行提供有力协助。旅游职业院校应该以其技术性特长、师资资源、先进的理论和观念为政府和企业提供决策咨询，出具行之有效的行动方案，以达到旅游职业教育与经济社会的有机契合。目前旅游职业院校在发挥科研智库服务上成果较多，经验较丰富，涉足领域较广，服务契合度高，得到了政府的肯定和支持。

青岛酒店管理职业技术学院主持的青岛市"双百调研工程"课题《青岛民宿现状与发展对策研究》的研究报告获青岛市政府主要领导的肯定性批示，并由市政府办公厅转发市城乡建设委员会、市规划局、市社会科学院等部门研究阅办。该课题通过对国内外民宿业发展研究的理论评述、青岛市民宿发展现状的分析，以及对标国内成功典型案例和经验总结，提出了青岛市民宿发展的具体建议。研究结论对改善青岛市旅游住宿业的结构，提高青岛民宿业的经营管理水平具有很强的理论价值和实践指导意义。青岛酒店管理职业技术学院课题研究成果获得了政府的肯定性批示，是学院科研工作不断增强社会服务能力体现，是主动为区域经济社会发展提供智力支持的重要体现。

北京财贸职业学院根据北京市教委和北京市农委联合部署进行区域引智帮扶，从 2017 年起，承担了门头沟区清水镇双塘涧村、密云区溪翁庄镇尖岩村和通州区西集镇吕家湾村、耿楼村共四个低收入村的"引智帮扶"任务。在学校统一领导下，依托二级学院、研究所成立了四个项目组进行帮扶。各项目组在对四个村基本情况了解的基础上，通过访谈、问卷和入户等方式对四个村的贫困因素进行了深入调查和剖析，组织团队发挥智力优势，基于对地域文化、资源禀赋的挖掘，因地制宜，拟定可实施的帮扶项目。双塘涧村项目组提出了生态补偿政策人大代表议案《北京市山区低收入村农民向生态林工人转型生态补偿的建议》（北京市十五届人大一次会议第 0370 号建议），参与制订乡村旅游规划、实施文化扶贫等项目；尖岩村项目组完成了《尖岩村旅游发展基本情况研究报告》和《低收入村乡村振兴旅游发展现状及对策研究——以北京密云区溪翁庄镇尖岩村为例》，提出了完善本村基础设施及促进经济发展的建议；吕家湾村项目组完成了《吕家湾村低收入情况调研报告》和《北京低收入村致贫原因调查与发展对策分析——以通州区西集镇吕家湾村为例》，拟定与企业合作做吕家湾村信息网络推广平台；耿楼村项目组完成《北京通州区西集镇耿楼村引智帮扶项目基础研究》《中国民宿行业发展现状及趋势研究报告》《北京西集镇耿楼村农业体验园区项目调研分析报告》三份研究报告和《农产品流通现状及对策分析》论文，制定《北京西集镇耿楼村农业体验园区定位与功能分区》并完成村民的培训任务。

南京旅游职业学院搭建科研服务平台，建设科研服务智库。学校组建江苏旅游文化研究院，围绕“大运河江苏段旅游文化生态研究”“江苏博物馆旅游文化资源的开发利用研究”“江苏大运河沿岸非遗文化保护与传承研究”“江苏艺术遗产与旅游文化创意产品研发研究”“江苏星级酒店文化建设案例库研究”“江苏美食设计与开发研究”等六大主题，就江苏非物质文化遗产挖掘与活化、地域烹饪技艺传承与创新发展、酒店文化比较研究、旅游休闲产业文化、旅游文化记忆、中国哲学与旅游、旅游教育等内容开展系列理论与实践研究，承担相关旅游文化发展和旅游产业规划等课题研究工作。联合江苏省社会科学院哲学与文化研究所，共同申报“江苏旅游文化研究院重点基地”建设项目，入选江苏高校哲学社会科学重点建设基地，为打造省内旅游文化研究的学术高地、政府智库奠定了坚实基础。

成都职业技术学院坚持服务地方经济社会发展，2018 年完成《兴文打造世界级旅游目的地总体策划》、省科技扶贫《休闲农业（农舍结合）策划服务》等项目。

漳州职业技术学院的科技服务紧紧围绕着漳州“十三五”战略规划，紧紧抓住“一带一路”倡议、中国制造 2025、“振兴乡村发展战略”、厦门自贸区建设、厦漳泉三地同城化发展步伐和闽台产业对接等重大发展机遇，依托该校专业特色优势和科研实力，弘扬“工匠精神”，打造“工匠学府”，积极服务漳州地方经济和社会发展，特别致力于为漳州中小微企业和乡村发展服务，通过“一县（区、市）一协议”，努力构建“校地战略发展”；通过“一学院一平台”“一专业一项目”建设，与时俱进，教研相长，努力实现学校内涵发展的提升，提高自身服务社会的能力和水平。继 2017 年该校与长泰县人民政府、南靖县人民政府、诏安县人民政府、龙海市人民政府、华安县人民政府和古雷石化经济开发区等 6 个县级行政区分别签署了校地战略合作协议后，2018 年，该校又与华安县人民政府、漳州金峰开发区、漳州台商投资区管委会等 3 个县级行政区签署了校地战略合作框架协议，基本上实现漳州地域内校地战略合作全覆盖。2018 年漳州职业技术学院选派多名专业教师成为省、市科技特派员，在区域旅游规划与开发、环境工程生态学、休闲农业、乡村旅游、园林植物与观赏园艺等多个领域对接漳州地方区域，进行了科技支撑和发展援助。

长沙商贸旅游职业学院从“对接产业、服务产业”向“提升产业、引领产业”推进，提出了“弘扬工匠精神、凝练品质‘三湘’、建成卓越院校、争创全国一流”为导向的发展思路；紧紧抓住专业建设这个核心，重点加强专业群建设和服务社会能力的提高；构建了以湘菜产业专业群为先导、以会计金融服务业、现代商贸服务业和旅游服务业专业群为重点，以文化创意和软件技术专业群为补充的“三湘”特色专业群发展体系，通过校企共建湘菜研发中心、现代商贸服务业协同创新研究院、湘旅研究所和高职教育研究所等，学校服务能力大大增强，已成为“三湘”产业技术和产业文化的创新基地，成为长沙现代服务业发展的重要智库。

（三）人力资源输出，助力大型项目和活动

旅游职业院校助力大型项目、赛事、活动已经成为常规，通过本课题组对资料的收集整理和问卷数据分析，在获得了全国职业院校旅游示范类专业的 40 个高职院校当中，66% 的院校在 2018 年度参与了大型项目、赛事和活动的助力。实质是，这种以学校为主体的服务输出往往倾向于志愿服务性质，学生在学校的统一组织下，对接大型活动，有便于管理、便于协调、便于调度的特征，但与此同时，这种大型项目和活动的助力又不同于普通的社会志愿服务活动，往往显示出了一定的职业特征和专业针对性，也就是说，旅游职业院校更多地服务于专业相关的大型项目和活动，学生具备一定的专业素养和技能，能够更好地服务于专业项目与活动，并在活动中体现出自己的职业素养、行业理念、专业知识。因此，此类服务活动应具备一定的技术含量，有别于普通的志愿服务活动。同时，职业教育定位于培养实用型、应用型人才，而受现实教育条件的限制，学校不可能创造完全真实的工作环境供学生学习实践，大型活动作为典型的会展项目，其工作环境的真实性和劳动密集特性，使诸多高职院校会展专业选择让学生参与大型活动现场服务或执行类实习工作。学生在开阔眼界的同时，学习了专业知识，提升了职业技能。

上海旅游高等专科学校学生累计 1400 余人次参与申报了 90 余项场馆类志愿服务项目，155 项社会调研大赛项目，社会实践时间逾千小时，为上万人次提供服务。特别是在 2018 年 11 月 4 日到 11 月 6 日的首届中国国际进口博览会中，该校充分发挥专业优势，多部门协调和统筹，以政治坚定、思想进步、综合素质强、身心健康等严格标准选拔招募 200 名大学生志愿者投入到“进博会”工作中，在前期完成多项校内培训后进入配岗工作阶段。在整个进博会期间，该校志愿者服务于国家展以及其他各个岗位，协助各方人员做好沟通协调、接待翻译、场馆指引、现场服务、综合保障等服务工作。志愿者们以扎实的专业知识和热情的服务顺利完成了进博会的志愿服务。①

河北旅游职业学院 2018 年积极主动服务河北省第三届旅游发展大会。大会以“生态旅游，绿色发展”为主题，由中共河北省委、河北省人民政府主办，中共承德市委、承德市人民政府、河北省旅游发展委员会共同承办。学院为河北省第三届旅游发展大会丰宁、围场及旅游企业提供教师志愿者 12 名，学生志愿者 635 名，确保高水平、高质量的志愿

① 上海旅游高等专科学校官网 http：//www.sitsh.edu.cn/cms/。

者能安全、有序地服务旅发大会。①

辽宁现代服务职业技术学院联合辽宁省餐饮烹饪行业协会组织开展“辽菜技艺国际论坛”活动，国内外 150 余人参会，让与会嘉宾深深感受到一代代辽菜烹饪大师们高尚厨艺厨德和“工匠精神”，同时，从国内其他菜系大师和异国烹饪大师们对加强菜系间交流，促进不同菜系文化的营养汲取以及对辽菜文化和技艺的点评，使社会对辽菜的发展愿景充满期待，更坚定了辽菜出辽、出国，走向国际的信心。

黑龙江旅游职业学院适时调整优化学院办学思路，积极服务旅游强省战略。选派师生助力外交部黑龙江全球推介活动，全程参与黑龙江省旅游产业发展大会、第二十九届哈尔滨国际经济贸易洽谈会，第五届、第六届黑龙江绿色食品产业博览会、中国国际新材料产业博览会、黑龙江东北亚时尚文化产品博览交易会等活动。

旅游职业教育还应进一步推进学校与大型活动、赛事、项目的合作，一方面开阔了学生眼界，加快了学生成长，增加了学生的荣誉感、成就感、满足感，使学生更了解行业企业，增强了学生吃苦耐劳、实践操作的能力，另一方面也能够为这种短期内临时活动提供充足的人力资源支撑。旅游职业教育应注意在助力大型活动、赛事、项目合作方面形成成熟机制，保障学生的劳动权益，加强学生服务期间安全保障，健全服务方为参与学生购买服务保险、完善薪酬福利等权益，重视对学生服务工作的荣誉给予和重视，使双方合作能够互相获益。

（四）扶贫与对口支援建设

通过本课题组对资料的收集整理和问卷数据分析来看，在获得了全国职业院校旅游示范类专业的 40 个高职院校当中，100% 的院校派遣了教师参与贫困地区和西部地区的对口帮扶和建设工作，和本课题组 2015 年调研的旅游职业院校参与扶贫和对口支援建设数据 30% 进行比较，增长了 70%。扶贫和对口支援建设工作已经成为旅游职业教育中不可或缺的重要职责，受到了各个旅游职业院校的重视和大力支持。对于扶贫和对口支援建设工作来说，职业教育具备其天然优势和适应性，可以将职业院校的技能化特点和对口地区脱贫就业联系起来，可以将职业院校的社会服务特点和对口地区的产业转型结合起来。在 2018 年度，各旅游职业院校开展的扶贫和对口建设工作责任感强、内容多元丰富，结构合理，效果良好。

天津职业大学定点支援滇西红河州职业教育，为红河州 23 所院校的 300 余名校长、管理干部、骨干教师开展专题培训，在酒店管理等专业派出专业负责人结对指导专业建设；接待云南红河州民族师范学校教师到校交流学习，开展人才培养方案研讨及专业建设交流、专业课观摩、实训基地建设及合作企业调研、职业教育活动周参观体验等 15 项活动，精准帮扶该校专业及师资队伍建设；接待红河州财经学校、怒江州民族中等专业学校等六所职业学校负责人组团到校调研智慧食堂建设及校企合作共建实训基地工作；结对帮

① 河北旅游职业学院官网 http：//www.cdtvc.com/。

扶甘肃武威职业学院项目；挂牌“天津职业大学（西部）职业教育师资培训基地”，围绕提升办学能力和管理水平、深化学术交流等，发挥学校资源优势，举办多场以创新办学机制、深化产教融合、优化专业建设、提升师资水平等为主题的报告会，在学校管理、教育教学、特色发展等方面建立共建机制；开展酒店管理专业教学资源库的建设和应用经验交流，推进资源共享、课程建设等方面的合作。

辽宁现代服务职业技术学院对口帮扶建平县黑水镇风水沟村，派驻的驻村工作队与村两委密切配合，抓党建促脱贫，深入农户调查研究落实精准扶贫。2018 年，学院针对以往定点扶贫工作薄弱的情况，为风水沟村直接投入资金 3.67 万余元，捐赠桌椅等财物价值 1.55 万元，春节前走访慰问贫困户共 35 户，慰问财物合计 2.1 万元。7 月组织学院党员干部 22 名集体下乡，走村串户慰问调查，建档立卡 54 户，每户送去 200 元慰问金，合计 1.08 万元。捐赠给黑水镇政府办公电脑 30 台、扶贫款 5 万元，选派 3 名专业教师赴建平县政府，为接待中心人员进行为期一周的专业技能培训。①

黑龙江旅游职业学院参与职业教育专家团赴阿勒泰地区指导阿勒泰畜牧职业学校、福海县职业高中、阿勒泰技工学校等院校、新疆旅游职业学院相关专业创建工作，选派专业骨干教师 2018 年 8 月到 9 月赴疆，开展为期一个半月的相关工作，支持创建高等职业院校，承担景区开发与管理、酒店管理专业的创建工作。落实两省对口帮扶举措，帮助阿勒泰地区职业院校深入论证拟开设专业，编撰专业论证报告，制订人才培养方案，科学合理设置核心课程，并制定课程标准，取得了初步成效。

江西旅游商贸职业学院通过产业扶贫、技术扶贫、民生扶贫、教育扶贫、文化扶贫等帮扶措施，与进贤县下埠集乡和塘村、铜鼓县钓鱼村、广昌县职业技术学校等开展结对帮扶，精准扶贫取得显著成效。2018 年，学校助资 13 500 元帮扶广昌县职业技术学校，搭建学校诊改框架，派遣 4 位教师协助其制订人才培养方案、课程设置以及实训场所规划，指导其探索学徒制试点工作。同时，还与新疆克州职业技术学校、江西宁都技校在师资培训、专业建设等方面开展了一系列的帮扶合作。此外，学校还派出扶贫工作队入驻铜鼓县永宁镇钓鱼村，积极投入“秋冬会战”，推进基础设施和产业基地建设，对外招商引资，积极探索乡村旅游业发展之路。人民网、大江网、江西教育网、江南都市报以及搜狐、凤凰等多家网络媒体对该校助力脱贫攻坚工作成绩都进行了报道。

广州番禺职业技术学院旅游产业扶贫工作成效明显。精准帮扶到村、到户，2018 年共计开展村项目 7 个，户项目 1426 个（小项），贫困户脱贫共计 304 人，脱贫率达 97.4%。所开展的鹰嘴桃产业帮扶项目获得各级领导的广泛认可，被《穗府信息专报》《广州信息》以及《穗府调研》三个内部资料刊登提及。2018 年报送的“打造鹰嘴桃产业基地，助推旅游产业发展”项目经省教育厅评审推选，作为全省代表参加教育部“十大精准脱贫典型项目”评选。②

① 《辽宁现代服务职业技术学院高等职业教育质量报告 2019》。

② 本调研组搜集整理。

第三节 前景与展望

一、聚焦文旅融合，拓展服务新领域

随着时代的变革，旅游已经迈进了与文化融合发展的新阶段。文旅产业的融合、全面发展，也让市场对于文旅人才的需求更加多元化。旅游职业教育在进行文旅融合人才培养、课程设置的同时，也应在社会服务领域开拓文旅融合的新领域，增加文旅交叉领域服务功能，增进文旅交融产业的发展的步伐，为旅游产业的进一步发展糅入新的增长动力。与此同时，部分旅游职业院校已经在文旅融合领域进行了服务探索，有了一些前驱经验和借鉴。

陕西职业技术学院依托国家文物局文博人才培训示范基地，2018 年 10 月学院与省文物局签署《文博技能人才培养计划战略合作协议》，建设陕西省文博人才培训示范基地，面向全国开展文物修复、考古绘图、勘探等文博人才培训，双方合作共建文物修复与保护专业，建设文博人才实践基地、制定国家文博专业标准，服务陕西乃至全国旅游文化产业。立足国家文物局文博人才培训示范基地，开展文物专业人才培训。2018 年 9 月、10 月，陕西职业技术学院旅游与文化学院与陕西文物保护专修学院举办两期全国数字化考古绘图、彩绘培训班（提高班），来自全国十个省市自治区 26 家文博单位的 75 名学员参加培训，提升了学院专业的社会服务能力。

南京旅游职业学院为非物质文化遗产研培助推教科研发展。作为 2015 年首批入选“中国非物质文化遗产传承人群研修研习培训计划”的院校之一，南京旅游职业学院积极参与传统工艺与旅游工艺品设计研发，以“强基础、拓眼界、增学养”为目标，先后举办藏族唐卡、土族刺绣、宁夏剪纸研修、研习培训班 9 期，承办 3 期青海省非遗传承人群唐卡艺术展，为助推民族地区非遗传承与旅游发展，助力精准扶贫贡献力量。为全力做好培训，优化课程设计，实现了传承人与师生的对话、课程的跨界，拓宽了专业建设思路，孕育了一系列教学与科研成果，助推了教师的专业成长，促进了文旅融合，增强了学校传承、振兴与发展中华传统文化的能力。

二、关注新业态，开辟服务新空间

随着人民群众收入水平提高，旅游需求快速增长，旅游多样化、品质化要求越来越高，旅游业呈现出多种新产品新业态。国家《“十三五”旅游业发展规划》（国发〔2016〕70 号）指出，未来旅游业发展的主题是转型升级、提质增效，主线是推动全域旅游发展，动力源是供给侧改革，目标是建成全面小康型旅游大国。未来的旅游产业将以“旅游 +”融合和全域旅游发展为重点，加快旅游开发建设，促进产业集聚发展。新的旅游业态呼唤新的旅游专业人才，这就要求旅游职业教育提前布局和调整，才能有效满足旅游新形势的需要，旅游职业教育的社会服务领域，也将随之进入新业态新空间。新业态包括了全域旅

游、体育旅游、文化旅游、旅游“互联网+”领域、健康养老产业旅游、研学旅游、新工业农业产业旅游、大型旅游综合体及公共设施服务、定制旅游等多元化旅游业态。旅游高职社会服务应通过对区域内经济社会资源尤其是旅游资源、相关产业、生态环境、公共服务、体制机制、政策法规、文明素质等进行全方位、系统化地把握和研究，为实现区域资源有机整合、产业融合发展贡献作为，以旅游职业教育的力量促进旅游产业和区域社会协调发展，积极适应新的业态发展理念和模式。

山东旅游职业学院已经跟随时代脉搏，时刻把握新业态新空间的发展脉络，在本年度已经就乡村旅游体制机制创新、文创旅游小镇的培育与运营、乡村民宿经营管理策略、以安吉为例建设美丽乡村发展和美丽经济等课题进行了认真的学习，并组织政府及行业专家走进外桐坞村、东梓关村、鲁家村、余村、芦茨村、获蒲村等美丽乡村建设、乡村旅游发展先进示范村深入学习、座谈交流，进一步了解各村的发展经验和发展历程，为旅游新业态的发展作出了科学研究、社会培训、政府导向、打造行业专家交流平台等多项工作，走在了高职院校的前列。

三、加快机制建设，营造服务新环境

加快服务机制建设。推动旅游职业院校与地方社会资源共享，构建多元合作平台，通过加快旅游职业院校服务社会运作机制建设，提升旅游职业院校的服务能力。

推动运作机制创新。随着新的旅游经济产业发展和调整，旅游职业院校应在服务内容、方式、重点等方面进行调整，通过实体或虚拟平台建设，与地方社会有机衔接。

营造高职院校服务社会发展的良好环境。高职院校是高等教育的重要组成部分，但是职业教育社会认可度的提升还需持久努力，社会在寻求高校服务资源过程中，仍偏重本科或名牌院校。因此，在高职院校通过自身努力提升社会服务能力的同时，社会也应逐步接纳高职院校人才输出，实现双方共同发展。

四、把握政策导向，挖掘服务新深度

旅游职业教育近年来紧跟时代发展的导向，多措并举、多方兼顾，已经初步做到了改变学历教育和社会服务“一条腿长一条腿短”的不健康现象，创新突破走上一条科学发展的道路，真正实现职业教育服务经济社会发展的需要，实现更高质量更充分就业的现实需要。旅游职业教育的健康发展，还应紧跟国家发展趋势，把握政策导向，坚持以立德树人为根本，牢牢把握服务发展、促进就业的办学方向，坚持产教融合、校企合作，坚持工学结合、知行合一。例如山东旅游职业学院在把握国家政策导向上做出了优先表率，为全面贯彻党的十九大精神，落实国务院关于山东新旧动能转换综合试验区建设总体方案的批复，根据《山东省新旧动能转换重大工程实施规划》通知，践行高等职业教育“产教融合、校企合作”的战略定位，山东旅游职业学院与力诺集团签署旅游合作协议，签署《旅游新旧动能转换工程建设合作协议》，双方决定恪守“真诚互惠、共建共赢”的基本原则开展合作，合作领域涵盖旅游技术支持、人才培训、咨询服务、合作办学、市场合作开发等，最后举行“旅游新旧动能转换工程研究基地”揭牌仪式。与力诺集团进行的合作，为山东旅游职业学院“校企合作”增添华彩一笔，学院发展适应山东省新旧动能转换工程建设，为地方旅游事业发展积极贡献智慧成果，达到企业利益、学校声誉、社会效益多方共赢的新局面。

未来旅游职业教育还要在企业技术支持、智力输出上进一步深入合作，融合路径进一步拓展、参与院校覆盖面进一步扩大，参与意识和教师参与人次进一步提高，积极承担行业、企业的科技攻关及其技术服务，与企业在产学研三方面进行联合共建，扩大合作权限和管理权限，实现学校和企业的双赢发展。

第七章　中国旅游职业教育应用研究

近年来，我国旅游职业教育人才培育质量逐年提高，规模趋于稳定，教育教学改革不断创新，创新实践不断取得新的成效。伴随着实践领域众多新成绩、新模式、新探索的诞生，旅游职业教育应用研究领域的新成果不断涌现。本章通过文献梳理、课题立项成果整理等，提炼旅游职业应用研究在数量、质量上表现出的特点。通过发现 2018 年旅游职业教育应用研究的规律和特点，对未来旅游职业教育应用研究的趋势和发展进行展望。

第一节　应用研究发展概况

2018 年，随着我国旅游职业教育实践探索的不断深入，旅游职业教育的理论研究成果水平不断提高。研究论文、研究项目均呈现出与新时代的时代主题紧密结合的特征，但与此同时也表现出了应用研究中的一些不足。

一、论文统计分析

课题组以中国知网数据库为主要的搜索平台，分别以“旅游、导游、旅行社、景区、酒店、休闲服务、餐饮、烹饪、会展、旅游职业教育”等词语作为主题，以“期刊”作为来源，以“职业”作为作者单位，开展模糊搜索，并从全部期刊和核心期刊两个搜索条件，进行比较，重点关注高水平论文。结果显示：2018 年，中国旅游职业教育研究相关文章总计 4987 篇，发表在核心期刊的文章数量总计 238 篇。具体分析情况见表 7–1。

表 7–1　2018 年度旅游职业教育论文统计

主题词	以全部期刊为检索条件论文数量（篇）	被引用量前五名的论文题目	以核心期刊为检索条件论文数量（篇）	被引用量前五名的论文题目
旅游	3151	1. 城镇化与旅游发展背景下的乡村文化研究：学术争鸣与研究方向 2. 迈向优质旅游：全域旅游供需错配及其治理——苏州吴江案例研究 3. 工匠精神培育和高职课程教学改革 4. 景区带动型乡村旅游精准扶贫的机制及路径 5. 基于“互联网 +”的精准扶贫路径研究	166	1. 城镇化与旅游发展背景下的乡村文化研究：学术争鸣与研究方向 2. 迈向优质旅游：全域旅游供需错配及其治理——苏州吴江案例研究 3. 景区带动型乡村旅游精准扶贫的机制及路径 4. 基于产教融合的高职旅游类专业“1346”人才培养模式探索与实践 5. 森林公园游客亲环境行为的驱动因素——以张家界国家森林公园为例
导游	179	1. 双创背景下《虚拟现实技术应用》课程教学改革的探索 2. 新媒体环境下汉语言文学发展路径探究——评《汉语言文学知识（修订版）》 3. 高职导游业务课程信息化教学设计研究——以“参观游览大昭寺导游服务”任务为例 4. 中职旅游专业课信息化教学设计探究——以“探秘天王殿”为例 5. 智慧旅游对导游业务课堂教学模式的新探究	3	1. 新媒体环境下汉语言文学发展路径探究——评《汉语言文学知识（修订版）》 2. 我国导游许可制度的困境及应对 3. 旅游学概论教材的建设与创新——评《旅游学概论》
旅行社	99	1. 基于校企合作促进专业学生职业能力提升——以旅游管理专业（高职）旅行社实习为例 2. 参与式乡村旅游开发模式探讨 3. 高职旅游管理专业实践性教学探究 4. “互联网 +”背景下国内旅游企业信息服务共享的现状分析 5. 地接导游服务中的问题及建议	2	1. 智慧旅游发展策略研究——评《智慧旅游：旅游信息化大趋势》 2. 我国导游许可制度的困境及应对
景区	347	1. 景区带动型乡村旅游精准扶贫的机制及路径 2. “三生”融合式休闲农业旅游产业发展路径研究 3. 贺州市乡村旅游扶贫模式实践与思考 4. 信息化助推智慧旅游的重点与策略 5. 高职导游业务课程信息化教学设计研究——以“参观游览大昭寺导游服务”任务为例	22	1. 景区带动型乡村旅游精准扶贫的机制及路径 2. “三生”融合式休闲农业旅游产业发展路径研究 3. “互联网 +”思维下智慧旅游平台优化探讨——以江西省为例 4. 苏南古镇生态环境承载力分析与低碳旅游环境构建研究——以昆山市周庄、锦溪、千灯古镇为例 5. 论“生态旅游 + 中医养生 + 中药种植”三产融合发展——以黑龙江省为例

续表

主题词	以全部期刊为检索条件论文数量（篇）	被引用量前五名的论文题目	以核心期刊为检索条件论文数量（篇）	被引用量前五名的论文题目
酒店	680	1. 职业院校中高职衔接人才培养方案比较研究——以酒店管理专业为例 2. 高职院校专业课程实施“课程思政”的路径方法探析——以《酒店前厅管理》课程思政改革为例 3. 以全国职业院校技能大赛为导向 提升高职酒店管理专业学生职业能力研究 4. “后 MOOC”时代高职行业英语 SPOC 混合教学模式探析 5. 产教融合背景下酒店餐饮管理课程教学改革实践	22	1. 职业院校中高职衔接人才培养方案比较研究——以酒店管理专业为例 2. “后 MOOC”时代高职行业英语 SPOC 混合教学模式探析 3. 海南旅游酒店成本控制分析 4. 中国智慧旅游城市建设的基本状况与国际经验借鉴 5. 酒店餐饮产品质量影响因素和保障体系构建研究
休闲服务	11	1. 基于“产教融合”形势的高职课程建设与创新研究——以邮轮休闲娱乐服务与管理课程为例 2. 产业融合视域生态服务型经济发展策略研究——以从化休闲农业旅游业为例 3. 成都都市现代农业，建设特色休闲农业专业——以成都农业科技职业学院休闲农业专业建设为例 4. 广州市公共休闲服务水平演变过程及影响因素 5. 霄县休闲农业现状及发展对策	1	广州市公共休闲服务水平演变过程及影响因素
餐饮	188	1. 产教融合背景下酒店餐饮管理课程教学改革实践 2. 海南旅游酒店成本控制分析 3. 高职院校信息化课程教学创新模式的构建——以餐饮管理与实务课程为例 4. 基于工作过程的酒店管理专业技能课程教学内容和教学方法的研究——以《酒店餐饮管理实务》为例 5. “营改增”政策后的餐饮企业税务风险分析及规避对策研究	7	1. 海南旅游酒店成本控制分析 2. 湘菜产业升级发展的趋势和策略 3. 消费升级视角下“最后一公里”新商业模式发展探究 4. 基于大职教思想校企行共建人才紧缺专业群的研究与实践 5. 酒店餐饮产品质量影响因素和保障体系构建研究
烹饪	143	1. 高职英语教学改革与专业建设有机接轨的探索与实践——以福州黎明职业技术学院烹调工艺与营养专业为例 2. 响应面分析法优化烹饪用酒糟调味酱工艺研究 3. 基于创新拔尖人才视域下高职院校教师能力建设研究与实践——以烹调工艺与营养专业为例 4. 探究当前烹饪教学实践中的创新实践 5. 中职烹饪专业公共基础课职业模块开发与实践研究	6	1. 响应面分析法优化烹饪用酒糟调味酱工艺研究 2. 公办高职院校经营性资产参与的混合所有制办学模式研究 3. 现代学徒制烹饪类专业“双导师”队伍建设的探索与实践 4. 紫薯墨鱼丸制作工艺研究 5. 烹饪方式及冷藏时间对肝脏中维生素 A 含量的影响

续表

主题词	以全部期刊为检索条件论文数量（篇）	被引用量前五名的论文题目	以核心期刊为检索条件论文数量（篇）	被引用量前五名的论文题目
会展	142	1. 基于博弈论的会展产业融合模式研究 2. 文化兴展：广州城市文化资本对广交会品牌建设的启示 3. 议中国高校会展教育的问题及对策 4. “互联网 +”环境下创新创业型人才培养研究——以会展专业为例 5. 基于信息化平台的大学英语隐性分层教学模式研究——以会展专业“基础英语听说课程”为例	7	1. 基于博弈论的会展产业融合模式研究 2. “互联网 +”背景下会展专业人才培养的应变策略探究——以浙江农业商贸职业学院为例 3. 基于科技接受模型理论的展会 APP 接受度及前置因素分析 4. 区域品牌价值提升路径——制度规范下集群企业与展会协同的视角 5. 基于北京会展业人才需求的高职会展专业建设与实践
旅游职业教育	47	1. 全域旅游视野下高职旅游人才培养模式研究 2. 基于产教融合的高职旅游类专业“1346”人才培养模式探索与实践 3. 张家界旅游职业教育存在的问题及对策——基于国家旅游综合改革试点视角 4. 校企深度融合视角下高等职业教育“国际化人才”培养模式探索——以旅游酒店管理专业日语教学为例 5. 高职旅游管理专业实践教学模式分析	2	1. 基于产教融合的高职旅游类专业“1346”人才培养模式探索与实践 2. 面向新工业革命的旅游高等职业教育变革研究

资料来源：课题组根据知网数据整理。

（一）论文研究主题与研究热点分析

从表 7–1 可以看出，通过在中国知网的搜索，2018 年的有关旅游类的论文数量高达 4900 多篇，其中与旅游相关的论文多达 3500 多篇，占了所有论文的 63 %，其次是酒店管理相关的论文，占比重为 14%，排在第三位的是景区相关的研究，研究数量占比为 7%，这三类研究主题的文章数量与 2017 年基本持平，排名也没有变化。与旅行社、导游、会展相关的文章数量不多，较 2017 年也有所下降。可见，在旅游论文研究中，人们更多地关注了旅游管理、酒店管理和景区专业。

从论文发表期刊的质量来看，在核心期刊刊出的文章仅有 238 篇，占发表文章总量的 5%，其中以旅游管理为研究主题的文章发表在核心期刊的数量最多，其次是酒店管理和景区管理。从这一结果来看，职业院校发表的旅游类文章总量虽大，但是论文质量偏低，高水平文章比较少见。

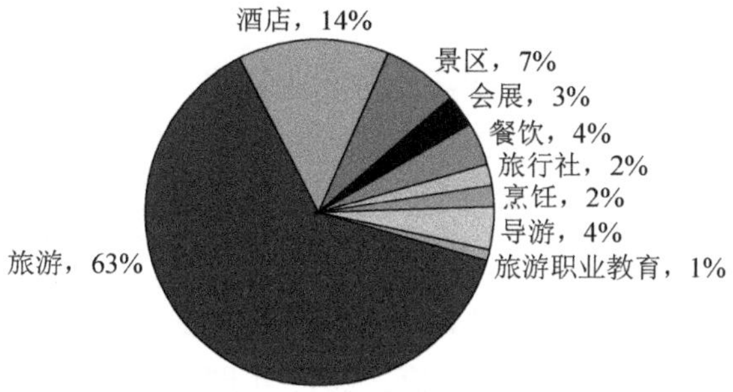

图 7-1　各研究主题占旅游类文章总数百分比

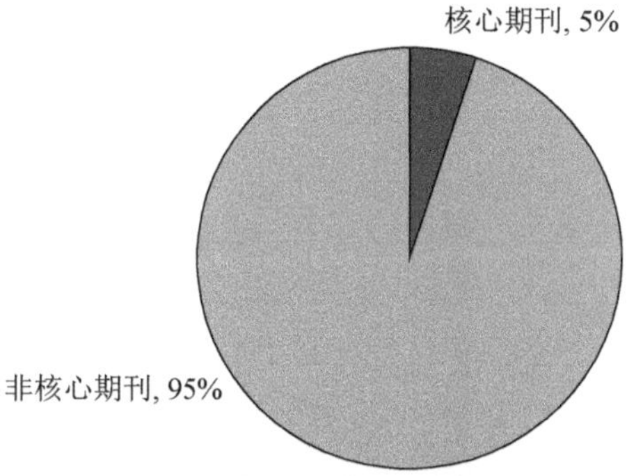

图 7-2　2018 年旅游类文章发表在核心期刊和非核心期刊数量占比

从各个主题中包含的研究热点来看，出现频次较高的关键词有：人才培养模式、产教融合、全域旅游、教学改革、智慧旅游、乡村旅游、智慧化教学等。

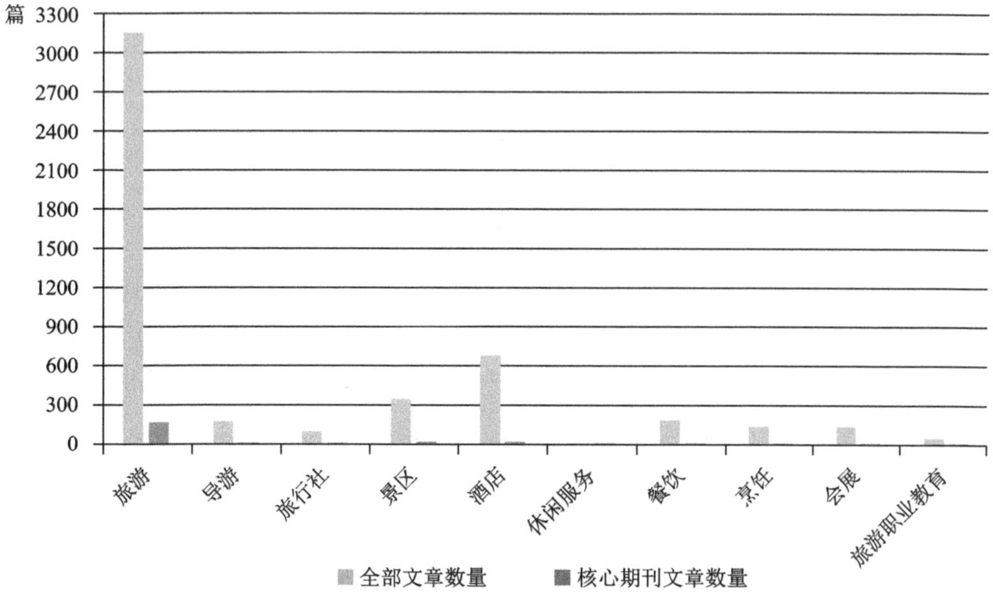

图 7-3　各研究主题发表文章数量和核心期刊发表文章数量对比

（二）论文作者来源统计

通过对上海旅游高等专科学校、浙江旅游职业学院、山东旅游职业学院、南京旅游职业学院、山西旅游职业学院、太原旅游职业学院、河北旅游职业学院、郑州旅游职业学院、青岛酒店管理职业技术学院、重庆旅游职业学院、云南旅游职业学院共 11 所旅游类院校为样本进行相关论文统计。

结果显示：11 所院校 2018 年共发表期刊类论文 979 篇（2017 年 833 篇），其中数量上排前三位的是浙江旅游职业学院（171 篇，2017 年度 170 篇），河北旅游职业学院（160 篇，2017 年度 108 篇）和南京旅游职业学院（151 篇，2017 年 134 篇）。浙江旅游职业学院连续两年都是发表论文数量最多的职业院校，其他院校发表论文的数量较 2017 年都有所增长。

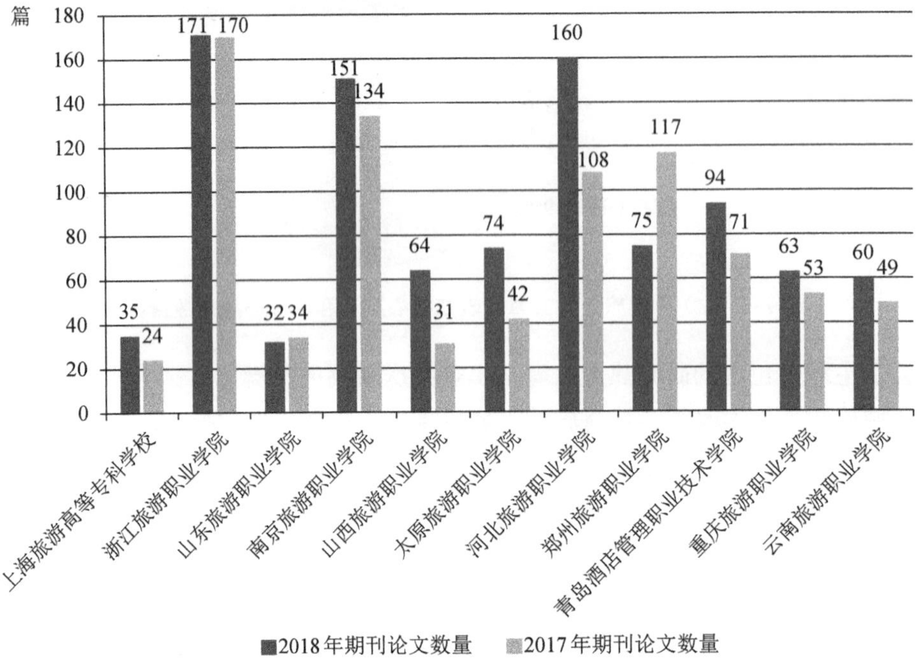

图 7–4　样本院校 2018 年、2017 年度发表期刊论文数量统计图

11 所院校 2018 年共发表中文核心期刊（EI 或 CSSCI）共 104 篇（2017 年 144 篇），占当年期刊论文发表总量的 17%。排前五位的是郑州旅游职业学院（31 篇，2017 年度 66 篇），南京旅游职业学院（26 篇，2017 年度 14 篇）、河北旅游职业学院（19 篇，2017 年度 14 篇）、浙江旅游职业学院（16 篇，2017 年度 24 篇）和重庆旅游职业学院（12 篇，2017 年度 14 篇）。数据表明，2018 年旅游类相关院校发表学术期刊数量总体较 2017 年增多，核心期刊的数量较 2017 年减少，占比不高。

（三）旅游类期刊统计

通过在中国知网（www.cnki.net）上以“旅游”为关键词查询，显示目前我国正式出版的旅游专业相关期刊有《旅游学刊》《旅游科学》《旅游研究》《中国国家旅游》《旅游论坛》《旅游纵览》等29种，比去年增加3种，其中北大中文核心期刊有《旅游学刊》《旅游科学》两种，且均为CSSCI中文社会科学引文索引来源期刊，其中学术期刊有9种。

再分别以“职教”为关键词查询，得到相关期刊《职教论坛》《职教通讯》等11种；以“职业教育”为关键词查询，得到相关期刊《职业教育研究》《高等职业教育探索》等25种；以“职业技术教育”为关键词查询，得到相关期刊《中国职业技术教育》《职业技术教育》等6种；以“职业技术学院学报”为关键词查询，得到相关期刊《武汉职业技术学院学报》《宁波职业技术学院学报》等125种；以“职业学院学报”为关键词查询，得到相关期刊《北京政法职业学院学报》《河北旅游职业学院学报》等44种；以“成人教育”为关键词查询，得到相关期刊《成人教育》《体育成人教育》等19种。

二、科研项目统计分析

课题组在查阅了教育部、全国哲学社会科学规划办公室、文化和旅游部（原国家旅游发展委员会）等机构官方网站后，搜集、整理了研究项目数据，并尝试做出如下分析。

（一）国家社科基金项目及青年项目

2018年国家社科基金项目共立项3511项，其中涉及旅游业的有47项；青年项目共立项1001项，涉及旅游业的有5项。总量共比2017年减少了3项，其研究学科涵盖了应用经济学、应用经济学、民族问题研究、体育学等多个学科。研究热词以“乡村旅游”“旅游特色小镇”“旅游扶贫”“旅游目的地”等。2018年度桂林旅游学院获得1项国家社科基金一般项目立项（见表7-2），没有其他职业院校在国家社科基金项目立项。

表7-2 2018年国家社会科学基金年度项目旅游院校旅游类立项名单

序号	课题名称	姓名	工作单位	项目类别	所在学科
1	乡村振兴战略下滇桂黔民族地区乡村旅游质效提升研究	陈伍香	桂林旅游学院	一般项目	应用经济

资料来源：2018年国家社会科学基金年度项目立项名单。

（二）文化和旅游部万名旅游英才计划项目

2018年，文化和旅游部“万名旅游英才计划”包括研究型英才培养项目、实践服务型英才培养项目、“双师型”教师培养项目和“金牌导游”四个项目。最终，共有150个双师型项目立项，其中高职院校85项，中职院校15项。198个实践项目获得立项。200个实践服务型英才培养项目立项，其中高职院校100个团队获得立项，无中职院校立项项目。188名导游入选“金牌导游”项目。同时，有100个项目获得研究型英才培养项目，全部由本科院校旅游专业教师获得。

（三）文化和旅游部科研立项

2018 年国家旅游局科研立项课题共计 22 项，较 2017 年度增加 7 项。其中重点项目 2 项，面上项目 20 项，与上年度持平。重点项目为世界旅游史研究和中国旅游史研究，分别依托中国旅游研究院、中国旅游史研究编写组。面上项目均由本科院校获得立项，职业院校本年度未获得立项。面上项目的研究热点包括了旅游精准扶贫、一带一路、大数据与旅游业、乡村旅游等，均为旅游业发展的实用研究，并无旅游教育或旅游职业教育方面的研究。以上现象可以说明两点：一是职业院校教师的科研能力依旧无法与本科院校相媲美，仍处于绝对劣势的地位；二是关于旅游职业教育方面的研究获得高级别研究项目难度较大。

（四）教育部人文社科项目

本年度教育部人文社科立项课题共 3127 项，立项作者依托单位绝大多数为本科院校，职业院校极为稀少。在职业院校中，仅有重庆旅游职业学院的《民族地区乡村旅游化中的公共治理模式创新研究》的项目获得青年基金项目立项。

国家社科基金项目和教育部人文社科项目是社科类项目中国家最高层面的立项项目，其综合性强，关注国家各项产业政策发展，旅游业作为我国重要的产业形态，其发展和态势值得从国家层面进行政策研究和探索，但是此类课题的综合性强，对理论性和应用性都有很高的要求，从某种程度上讲，是理论指导下的应用研究，对于职业教育来讲并非其擅长的方面，所以在此类课题中，职业院校立项项目较少。从另一方面来看，职业院校在以上两类课题中的立项数目也占到一定比例，但是来自职业院校的旅游类项目仅有一项立项成功，也就是说在旅游职业教育研究中，其申请国家层面的综合类课题的能力与其他类型职业教育还是存在很大差距的。这是值得旅游职业教育人思考的问题。如何提升旅游职业教育视角范围内对旅游业发展的研究能力是一项重要的课题。

文化和旅游部的科研课题和人才培养计划是针对旅游业本身的发展而设立的专项研究。但职业院校同样没有获得在科研课题的立项。一直以来，职业教育以教学实践为主要任务，以实践操作为主要特色，但是在以提升职业教育质量为核心任务的新的发展阶段，职业教育的相关研究需要透过实践，从职业教育的角度研究旅游热点，研究教育现象，这样才能提升旅游职业教育研究的水平。

第二节　旅游职业教育应用研究展望

通过对 2018 年旅游职业教育的梳理得知，我国旅游职业教育研究的热点领域主要集中在校企合作、旅游职业教育社会服务能力提升与区域发展、乡村旅游与特色小镇建设和旅游精准扶贫等领域；前沿主题集中在产教融合、现代学徒制与旅游职业教育人才培养模式革新、教学改革和信息化等方面。与此同时，我国旅游职业教育研究也存在：“碎片化”的经验总结多，“体系化”的理论研究少；研究方法借鉴多，规范使用少等问题。旅游职业教育应进一步加强“体系化”的职业教育理论研究、重视研究方法的规范性与跨学科思维。

一、加强“体系化”的职业教育理论研究

康德曾说“直观无概念则盲，思维无内容则空”，理论就是概念、原理的体系，是系统化了的理性认识，具有全面性、逻辑性和系统性的特征。职业教育理论是职业教育实践由具体上升到抽象的理性认识，是科学主义研究态度的反映。丰富的职业教育实践活动与现象为开展职业教育研究提供了坚实的实践基础与理论源头，职业教育实践现象只有经过描述、概括、外推等环节，才能在最后上升为规律与理论，而缺少其中任何一个环节都将导致职业教育研究陷入“零敲碎打”式的经验总结，从而难以形成系统化的科学理论。

旅游职业教育是职业教育的一个学科，其研究应该遵循职业教育理论的指导。通过看 2018 年旅游职业类课题在国家层面课题立项极少的现象，加之旅游职业教育一直以来表现出的研究以经验总结为主的研究模式，过多地关注现状研究与案例分析，针对政策热点的时效性研究居多，对职业教育理论研究和使用理论指导应用研究方面还处于一个比较“贫瘠”的状态。具体表现是研究领域相对集中，缺少对学生和教师的研究，职业院校是旅游教育研究的主力，单个学者的研究缺乏连续性，研究方法多为定性分析，缺少实证性研究，研究理论基础不足等特点。旅游职业教育研究中大部分是课程研究，学生发展、质量管理、教学及评价、学习资源研究等内容较少，应当着重加强学生的学习体验和学习结果评价、学习资源及其有效性、虚拟学习环境、质量管理和提升的评价和规范化研究、职业体系发展、方法论和教育理论等方面，逐步形成一个“体系化”的旅游职业教育理论研究系统。

我国旅游职业教育研究不仅要描述旅游职业教育实践活动的事实，也应将旅游职业教育实践活动的事实凝练与升华为更加科学、规范、系统、有深度的旅游职业教育理论。

二、重视研究方法的规范性与跨学科思维

研究方法的学习、选择与使用是旅游职业教育研究中非常重要的一环。旅游职业教育在研究过程中将运用诸多其他学科的研究方法。在梳理旅游职业教育学热点与前沿主题的过程中，可以看出我国旅游职业教育研究的方法正在走向多元化，但现有部分研究中其他学科方法使用的规范性还有待进一步提升。具体应当采取定性分析与定量分析相结合，定性分析和定量分析是辩证统一的关系，没有正确的定性分析，定量分析就会迷失方向。但是，如果只重视定性分析，而忽视定量分析，就无法全面而准确地把握数量变化。因此，研究必须要运用定性分析与定量分析相结合的方法，既运用访谈法、田野调查法、德尔菲法、案例研究、文本研究等定性研究方法，也运用问卷调查法等定量研究方法。

在定量研究时，运用数学统计分析技术。运用聚类分析、因子分析等技术手段，对数据、信息进行处理，使研究所需要数据和所得到数据更加真实、准确，从而使得研究所得出的结论具有强大的数据作为支撑。

理论研究与实证研究相结合。我们必须把理论与实践紧密结合起来，不仅要扎扎实实打好理论基础，努力做好理论研究工作，还要将理论应用于实践中去，在实践中检验理论的真实性和可靠性。

因此，我国的旅游职业教育研究要进一步提升方法使用的科学性与规范性，使得多元方法能够真正服务于科学的旅游职业教育研究。新的知识生产模式为旅游职业教育研究的开展提供了诸多新的视角与思路，因此，未来旅游职业教育学要在新知识生产模式理论的关照下开展更多创新性研究。

三、注重政策热点研究，真正为旅游业发展提供智力支持

当前国家层面的热点，如互联网 +、经济新常态、一带一路、大众创业万众创新等构成了旅游热点的前提。互联网 +，它是“互联网 + 其他传统行业”，这充分发挥了互联网的资源优化和配置作用，互联网融合于经济、社会各领域之中，形成更广泛的以互联网为基础设施和实现工具的经济发展新形态。只要旅游业坚持创新思维，大胆拥抱互联网，转型发展和创新发展就一定能够实现。我国经济处于传统产业产能过剩、产业结构必须优化升级的常态下，但新兴产业、服务业、小微企业作用更加凸显，经济增长将更多依靠人力资本质量和技术进步，需要更多专业人才。一带一路，它是“丝绸之路经济带”和“21 世纪海上丝绸之路”的简称，对于旅游业的影响是积极深远的。大众创业万众创新，让创新成为民族精神的内核，国家鼓励人人创新，在社会中形成创新的积极风气。经济发展新形势给我国高职旅游教育带来了挑战。对于我们高职旅游教育者，我们面临观念转变的挑战，要有服务产业、服务区域、服务社会、服务学生的意识；我们还面临资源挑战，比如办学硬件资源、学校师资结构、社会资源等；我们高职院校办学能力、管理能力也将受到挑战；而且高职院校的生源也日益多元化，这也将给我们带来挑战。

当前旅游热点主要有全域旅游、智慧旅游、乡村旅游与特色小镇建设、旅游精准扶贫等，通过对 2018 年中国旅游职业教育研究成果的梳理可以看出，目前我国旅游应用研究的成果多以旅游政策和旅游职业教育政策为指导并为之服务。在今后的旅游职业教育应用研究中必然依旧遵循这样的轨迹，未来旅游业和旅游职业教育的新的发展方向已经向我们昭示，文旅融合背景下，如何探索新的人才培养模式、校企协同，如何创新校企命运共同体建设之路、重视人才培养，如何探寻职业教育质量提升的内涵式发展道路、引入大师名匠，如何打造“双师型”专兼职教师队伍的机制体制、参与“一带一路”建设，如何寻找旅游职业教育国际化发展新支点，这些都将成为未来旅游职业教育应用研究新的热点。

我国高职旅游教育研究的热点集中在“旅游专业”“旅游教学”“旅游人才”“旅游师资”四大研究主体上，研究热点集中在专业建设、课程设置、教学改革、人才培养、学生实习、师资建设等六方面。梳理相关研究热点的论文发现，我国高职旅游教育研究成果丰富，但存在很多研究不足。从研究内容来看，重复性研究较多，缺乏创新，很多研究成果仅个案经验介绍，不具备理论指导意义；从研究范式来说，大部分研究遵循“指出现状—

发现问题—提出对策”的研究模式；从研究方法来说，以定性描述居多，研究缺乏一定的科学性，定量研究成果较少，研究方法亟待丰富；从研究视角来说，研究视角单一，大部分研究或是宏观性的系统研究，或是某一院校的实践研究，缺乏区域性和比较性研究成果。有待我国高职旅游教育研究工作者在以后的研究工作中予以深化。

四、提高横向技术服务输出能力，服务贡献社会

高职院校科学研究服务行业发展存在诸多问题，例如科学研究定位不明确，高职院校本应为服务地方经济社会发展的主力军和驱动力，由于缺乏主动为地方服务的意识，导致对市场需求和未来发展趋势把握不准，对自身定位不明确，教师的科研目的是完成科研任务和职称晋升，只重产出数量，忽视成果质量，科研成果对实际教学和行业发展贡献度不高；产学研合作的效率低，校企合作培训成绩显著，但共同研究开发、行业发展规划项目和科研成果较少；社会服务机制不完善，重教学轻科研，社会服务无积极性，对行业贡献度低等。

新常态下高等旅游职业教育需坚持“以服务求支持，以贡献求发展”的科研社会服务发展之路，积极探索将创新成果转化为区域经济发展有利的经济效益和社会效益的有效机制。坚持旅游职业教育科研服务区域经济和社会发展，围绕市场需求来选题并开展研究，“立足地方、依托地方、服务地方”，提高科研服务水平，构建旅游智库，紧贴市场、产业、行业，发挥旅游专业特色，以多学科和跨学科的方法解决旅游行业发展的问题，利用学科优势和学术团队，坚持各尽其才的原则，整合各方面的资源，推动良好氛围的形成，进一步丰富科研活动形式，建立专题研究、学术沙龙、学习考察等多种形式，广泛开展形式多样的科研活动。

今年的高职质量年报再次发布高职院校服务贡献 50 强榜单《2019 中国高等职业教育质量年度报告》，旅游高职院校入选数量有所增加，如浙江旅游职业学院以服务社会为己任，2018 年学院承接各类行业企业课题 105 项，横向技术服务合同金额达 2400 万元，到款总额超 1700 万元；积极开展送教下乡等服务，以乡村景区建设、全域旅游、旅游产业融合、旅游新业态为重点服务内容，服务社会成果丰硕，被评为“2018 年高等职业院校服务贡献 50 强院校”，也是全国旅游与服务类院校中唯一一所获此殊荣的高职院校。

第八章　趋势与展望

2018年是改革开放40周年，面对新起点、新时代、新征程，中国旅游职业教育展现全新气象。改革开放以来，旅游职业教育为我国旅游经济社会发展提供了有力的人才和智力支撑。2018年4月，文化和旅游部相关司局负责人在出席教育部例行发布会解读《职业学校校企合作促进办法》有关内容时介绍，全国开设旅游相关专业的高职院校1064所、中职学校1000余所，每年为旅游业培养20余万技术技能人才，为行业发展提供了重要保障。在现代职业教育体系框架下，旅游职业教育服务旅游经济社会发展能力和社会吸引力不断增强。

随着我国旅游业进入新的发展阶段，旅游产业升级和结构调整不断加快，旅游职业教育也迎来了新的发展机遇和挑战。在全域旅游的概念下旅游职业教育的供给迫切需要优化职业教育供给层次，提升旅游人才培养水平，调整旅游职业教育培养模式。2018年3月，中华人民共和国文化和旅游部批准设立。文化和旅游融合发展，以文促旅、以旅彰文。旅游职业教育需做好文旅融合背景下的教育改革，真正做好“深化改革”“创新发展”两大文章。因此，今后中国旅游职业教育总体质量将呈现更快上升趋势，各学校深化改革方面，应进一步激发办学活力，提高办学质量和水平。每所学校都面临竞争加剧的挑战，提高人才培养质量，寻求更多合作和支持成为旅游职业院校的重要出路。因此，由政府举办为主向政府统筹管理、社会多元办学的格局转变，由追求规模扩张向提高质量转变，由参照普通教育办学模式向企业社会参与、专业特色鲜明的类型教育转变，将会在今后旅游职业教育发展中唱主角，校企协同育人、育训结合、多元办学将会成为旅游职业教育发展的主旋律。

第一节　提高育人质量，打造高素质技能人才培养新高地

2018年11月14日，习近平总书记主持召开中央全面深化改革委员会第五次会议，会议通过《国家职业教育改革实施方案》，强调“着力培养高素质劳动者和技术技能人才，为促进经济社会发展和提高国家竞争力提供优质人才资源支撑。”

2018年，《高等职业教育创新发展行动计划（2015—2018年）》成功收官。计划实施以来，全国共启动建设优质学校456所、骨干专业3815个、校企共建生产性实训基地

1933 个、省级协同创新中心 727 个；校企合作共建“双师型”教师培养培训基地 660 个，促进了高职教师和企业人员双向交流合作；与“一带一路”沿线国家开展 351 项国际合作，学历教育学生近 6000 人，培训超 10 万人次。在众多的项目认定结果中，旅游职业院校所占比例不高，例如优质专科高等职业院校中旅游专科类院校仅有浙江旅游职业学院、长沙商贸旅游职业学院两所院校。在国家骨干专业中（名单见表 8–1），来自 41 所院校的 69 个旅游类专业，仅占骨干专业的 2%。国家级校企共建生产性实训基地 25 个（名单见表 8–2），仅占校企共建生产性实训基地的 2%。

表 8–1 高等职业教育创新发展行动计划（2015—2018 年）旅游类骨干专业

序号	院校名称	骨干专业名称
1	浙江旅游职业学院	空中乘务、酒店管理、导游、会展策划与管理、景区开发与管理、旅游日语、西餐工艺
2	长沙商贸旅游职业技术学院	旅游管理、烹调工艺与营养
3	河北旅游职业学院	旅游管理、导游专业、会计、会展策划与管理
4	山西旅游职业学院	旅游管理、酒店管理
5	太原旅游职业学院	导游、旅游管理
6	南京旅游职业学院	酒店管理、旅游管理、西餐工艺
7	江西旅游商贸职业学院	旅游管理、酒店管理
8	青岛酒店管理职业技术学院	烹调工艺与营养、物业管理、会展策划与管理、西餐工艺、旅游管理、酒店管理、中西面点工艺、会计
9	山东外贸职业学院	旅游管理
10	三门峡职业技术学院	旅游管理
11	长垣烹饪职业技术学院	烹调工艺与营养
12	湖北科技职业技术学院	旅游管理
13	三峡旅游职业技术学院	旅游管理
14	随州职业技术学院	旅游管理
15	武汉商贸职业学院	酒店管理
16	武汉铁路职业技术学院	旅游管理
17	武汉职业技术学院	酒店管理
18	湖南商务职业技术学院	旅游管理
19	湖南外贸职业学院	旅游管理、酒店管理
20	湘西民族职业技术学院	旅游管理
21	广东科学技术职业学院	旅游管理

续表

序号	院校名称	骨干专业名称
22	广东农工商职业技术学院	酒店管理
23	广东轻工业职业技术学院	酒店管理
24	顺德职业技术学院	烹调工艺与营养
25	广西经贸职业技术学院	烹调工艺与营养
26	南宁职业技术学院	酒店管理
27	海南经贸职业技术学院	旅游管理
28	三亚城市职业学院	旅游管理
29	三亚理工职业学院	酒店管理
30	成都职业技术学院	旅游管理
31	贵州交通职业技术学院	旅游管理
32	黔东南民族职业技术学院	酒店管理、旅游管理
33	云南旅游职业学院	酒店管理、导游
34	陕西工商职业学院	酒店管理
35	陕西职业技术学院	旅游管理
36	武威职业学院	旅游管理
37	宁夏工商职业技术学院	烹调工艺与营养
38	宁夏职业技术学院	旅游管理
39	新疆职业大学	烹调工艺与营养、酒店管理、旅游管理
40	天津市职业大学	烹调工艺与营养、旅游管理
41	秦皇岛职业技术学院	旅游管理

表 8-2　高等职业教育创新发展行动计划（2015—2018 年）旅游类生产性实训基地

序号	院校名称	生产性实训基地名称
1	北京财贸职业学院	智能商旅实训基地
2	长春职业技术学院	旅游管理专业校企合作实训基地
3	上海工商外国语职业学院	酒店管理专业校企合作实训基地
4	上海旅游高等专科学校	校企共建旅游管理专业校企合作实训基地、校企共建酒店管理专业校企合作实训基地、校企共建会展策划与管理专业校企合作实训基地、校企共建的智慧酒店实训基地
5	南京旅游职业学院	智能化仿真化烹饪综合实训平台、酒店经营管理虚拟仿真实训平台

续表

序号	院校名称	生产性实训基地名称
6	苏州经贸职业技术学院	在线旅游服务实训平台
7	浙江旅游职业学院	酒店管理专业综合实训中心、烹饪实验实训中心
8	浙江农业商贸职业学院	浙菜创新生产性实训基地
9	浙江商业职业技术学院	烹调工艺与营养实训基地
10	安徽工商职业学院	酒店管理实训基地
11	安徽中澳科技职业学院	旅游管理实训基地
12	福建信息职业技术学院	旅游管理专业校企合作实训基地
13	抚州职业技术学院	“四梦”宾馆实训基地
14	江西工业贸易职业技术学院	酒店管理生产性实训基地
15	青岛酒店管理职业技术学院	咖啡调酒实训中心、酒店模拟运营实训中心
16	湖南外贸职业学院	酒店管理生产性实训基地
17	湘西民族职业技术学院	旅游管理生产性实训基地
18	宁夏工商职业技术学院	现代烹调工艺与营养实训中心
19	克拉玛依职业技术学院	酒店管理专业校企共建生产性实训基地

旅游职业教育已经在提升人才培养质量的道路上迈出了坚实的一步，但是还需长足发展。旅游职教人也认定了这条道路，继续探索人才质量提升的改革之路。

一、打造旅游职业教育一流院校和一流专业

我国高职院校获批的首个世界一流建设方案《深圳职业技术学院中国特色世界一流职业院校建设方案》(以下简称《方案》) 2018 年 8 月获深圳市政府正式批准通过。北京等地也提出了“世界一流职业院校”的建设目标。2014 年颁布的《国务院关于加快发展现代职业教育的决定》明确提出:“建成一批世界一流职业院校和骨干专业，形成具有国际竞争力的人才培养高地。”自 2015 年国家提出了普通高等教育的“双一流”建设计划以来，普通高校的“双一流”搞得轰轰烈烈。职业教育建设追求世界一流的质量工程早已有了雄厚的社会和产业背景，中国立志要做一流的产业，而一流的产业离不开一流的技术技能人才，更离不开一流的职业院校。中国旅游产业蓬勃发展，文旅融合注入新的生命力，文化旅游化成为新的天地，旅游职业教育在打造旅游技术技能人才培养高地，争做全国高水平专业，世界一流职业教育专业方面大有可为。

二、探索促进旅游技术技能人才培养模式改革之路

旅游职业教育应该坚持工学结合、知行合一，加强学生认知能力、合作能力、创新能力和职业能力培养。培育和传承工匠精神，引导学生养成严谨专注、敬业专业、精益求精和追求卓越的品质。深化复合型技术技能人才培养培训模式改革，率先开展“学历证书 + 若干职业技能等级证书”制度试点，强调实践能力，保证人才落地。在全面提高质量的基础上，着力培养一批旅游产业急需、技艺高超的高素质技术技能人才。试点工作要进一步发挥好学历证书作用，夯实学生可持续发展基础，鼓励职业院校学生在获得学历证书的同时，积极取得多类职业技能等级证书，拓展就业创业本领，缓解结构性就业矛盾。

浙江旅游职业学院是积极探索“1+X 证书”的人才培养模式的先行者，目前已将 25 种职业技能等级证书的相关要求列入专业人才培养方案之中，并在教学中实行“课证融合”的针对性培养。在“课证融合”的培养模式下，学生就业竞争力明显提高，多个专业的毕业生就业起薪已位居全省同类专业前列。黑龙江旅游职业技术学院院长孙孟建也认为“在职业院校启动‘学历证书 + 若干职业技能等级证书’制度试点工作，非常符合职业院校实际，会让更多职业院校毕业生受益。”

试点是促进技术技能人才培养培训模式和评价模式改革、提高人才培养质量的重要举措，对构建国家资历框架、推进教育现代化、建设人力资源强国具有重要意义。

第二节　推动协同育人，探索职业教育发展的新路径

一、校企全面加强深度合作，推动校企协同育人

校企合作、产教融合一直以来是旅游职业学院办学过程坚持的发展道路，也在以往的实践中取得了显著的成绩，从高等职业教育质量年度报告（2019）的统计结果来看，众多高职院校的旅游相关专业已经踏出了校企深度合作、协同育人的第一步，从开始的订单班，到现在的现代学徒制班级、企业参与办学、校企合作办专业、校企合作办学院，这些具体的做法都是旅游职业教育紧紧围绕职业教育政策，探索校企深度合作模式的表现。

表 8–3　2018 年部分院校和企业校企合作办学成果

院校	合作企业	合作项目
镇江市高等专科学校	中国旅游集团有限公司暨香港中旅（集团）有限公司	冠名签约了“港中旅酒店英才班”
深圳职业技术学院	深圳华侨城洲际大酒店	现代学徒制参与酒店管理专业建设，实施主管培训生计划
济南职业学院	济南索菲特大饭店	成立酒店管理专业“索菲特大使班”，参与酒店管理办学

续表

院校	合作企业	合作项目
泸州职业技术学院	四川郎酒集团	共建郎酒学院
浙江经济职业技术学院	雷迪森旅业集团有限公司	共建酒店管理专业
江海职业技术学院	南京金陵酒店管理有限公司	双主体办学
南京旅游职业学院	南京月尚夜上海餐饮管理有限公司	参与办学、人才培养
聊城职业学院	山东舜和酒店集团	校企战略合作、联合招生、订单班，参与人才培养
天津职业大学旅游管理学院	万豪国际酒店集团	烹调工艺与营养专业
无锡商业职业技术学院	上海星巴克咖啡经营有限公司	连锁经营管理专业现代学徒制“星巴克”班
南京旅游职业学院旅游管理学院	常州恐龙园股份有限公司	共建旅游管理专业

资料来源：高等职业教育质量年度报告（2019）。

旅游职业教育应当在全域旅游和文旅融合的大背景下，主动与具备条件的企业在人才培养、技术创新、就业创业、社会服务、文化传承等方面开展合作，构建校企命运共同体。推动旅游专业建设与旅游产业发展有效对接，推进实质协同育人，校企联合建设旅游产业特色学院和企业工作室、实验室、创新基地、实践基地，促进资源共享。学校积极为企业提供所需的课程、师资等资源，企业将其发展理念、对人才的要求与培养目标等与院校共享。校企双方的权责、人才培养体系的构建、校企命运共同体的建设等方面的沟通和交流都是今后旅游职业教育校企共育模式改革需要的。那么，进一步发挥企业在深化“产教融合、校企合作”的作用，找准校企合作的定位、方向与亟待解决的问题，共同完善修订人才培养方案，搭建产学研合作桥梁，培养复合型应用型人才，实现旅游职业教育专业、人才优势与旅游经济、社会、文化发展的对接、融合将成为该项工作的发展重点。

二、引入大师名匠，打造“双师型”专兼职教师队伍

建设高素质“双师型”教师队伍是现代职业教育发展的关键和难点。2017 至 2018 年中央财政计划投入 13.5 亿元，设置 300 多个专业培训项目，累计组织 14.4 万专业骨干教师参加国家级培训和企业实践。而截至 2018 年，各地省级财政列支专项经费用于支持兼职教师聘用，累计投入 8.2 亿元，支持中高等职业院校 1.6 万个专业点，聘请 4.4 万名兼职教师，一批企业工程技术人员、高技能人才、能工巧匠等到学校兼职任教。

但是从旅游职业教育“双师型”教师队伍的建设质量来看，成果并不十分显著，在高等职业教育创新发展行动计划（2015—2018 年）“双师型”教师培养培训基地建设中，旅游类“双师型”教师培养培训基地数量仅有来自 15 所院校的 16 个基地（见表 8-4），占

“双师型”教师培养培训基地的 3.6%。

表 8-4 高等职业教育创新发展行动计划（2015—2018 年）旅游类“双师型”教师培养培训基地

序号	学校名称	名称
1	河北旅游职业学院	旅游管理类“双师型”教师培养培训基地
2	黑龙江旅游职业技术学院	现代服务业“双师型”教师培养培训基地
3	上海城建职业学院	酒店管理“双师型”教师培养培训基地
4	南京旅游职业学院	酒店管理专业“双师型”教师培训基地
5	浙江旅游职业学院	酒店管理专业“双师型”教师培养培训基地、 导游服务专业“双师型”教师培养培训基地
6	安徽商贸职业技术学院	旅游管理类专业“双师型”教师培养培训基地
7	山东旅游职业学院	酒店管理专业“双师型”教师培训基地
8	郑州旅游职业学院	旅游类“双师型”教师培养培训基地
9	湖南外贸职业学院	旅游管理“双师型”教师培养培训基地
10	长沙商贸旅游职业技术学院	烹调工艺与营养“双师型”教师培养培训基地
11	佛山职业技术学院	旅游管理专业群“双师型”教师培养培训基地
12	顺德职业技术学院	烹调工艺与营养专业群“双师型”教师培养培训基地
13	海南职业技术学院	旅游类专业群产教融合“双师型”人才培养培训基地
14	云南旅游职业学院	旅游服务与管理“双师型”教师培养培训基地
15	陕西职业技术学院	旅游类专业“双师型”教师培养培训基地

因此，引入大师巨匠，实施教师国家级培训，提升教师队伍的“双师”素质，以“四有”标准打造专兼结合、结构合理的高水平双师队伍是旅游职业教育师资队伍建设的重中之重。

1. 打造“名师 + 大师”“双师 + 国际型”的师资队伍

通过实施教师培训计划和业界精英聘任计划，进行教师全域培养计划，培养专业带头人、骨干教师，优化师资队伍结构，培养教师“双师素质”，提高教师的教科研和社会服务能力，使名师兼具大师能力。专项资金聘请行业企业领军人才，带动自有教师培养。培育引进一批行业有权威、国际有影响的专业建设带头人，提升师资国际化水平。

2. 打造大师名匠兼职任教的高水平兼职教师队伍

聘请大师名匠兼职任教，组建大师工作室。培养一批能够改进企业产品工艺、解决生产技术难题的自有骨干教师，合力培育一批具有绝技绝艺的技术技能大师，组建名师工作室和青年技能名师工作室。

3. 依托教师发展中心，促进教师终身学习

依托教师发展中心，提升教师教学和科研能力，促进教师职业发展。建立健全教师职前培养、入职培训和在职研修体系，促进教师不断学习。不断提高教学效果，适应高职教育发展。继续鼓励专业教师多参加“双师型”教师国家级培训，定期分派专业课教师深入企业进行挂职锻炼，注重引进企业高素质人才，深化产教融合、校企深度合作，实现互惠共赢。

第三节 输出中国标准，展现旅游职业教育的新魅力

旅游业是一个国家对外的窗口，中国旅游业是自改革开放以来与国际接轨最早的产业之一。旅游职业教育以服务旅游业发展为其发展的根基，必然要建立与世界职业教育接轨的标准，通过输出、引进的方式，提升中国旅游职业教育在世界的影响力。在 2018 年值得瞩目的一件事是深圳职业技术学院编制了《深圳职业技术学院中国特色世界一流职业院校建设方案》，努力建设“世界一流”职业院校的具体标准。技能大赛与世界技能大赛标准接轨迈出了较大步伐，2018 年山东省职业院校技能大赛高职组“现代酒店服务”赛项的项目设置仿照了世界技能大赛餐饮服务项目的项目设计和评判标准。南京旅游职业学院、浙江旅游职业学院先后选派学生参加世界技能大赛选手备赛。职业教育包括旅游职业教育开始在世界寻找更大的舞台，并且将中国旅游职业教育的标准推向世界。

受全国高职高专校长联席会议委托，由上海市教育科学研究院和麦可思研究院共同编制的《2019 中国高等职业教育质量年度报告》于 2019 年 6 月公布，再次评出“国际影响力 50 强”，这一榜单反映着中国高职教育国际交流合作的发展水平。与 2018 年相比，2019 年“国际影响力 50 强”指标优化幅度较大，更加注重教学内涵建设的国际影响力，如国（境）外采用专业和课程标准，专任教师国（境）外服务时间、国（境）外担任职务、国（境）外大赛获奖等，这几项指标平均值分别是上一年的 1.9 倍、2.5 倍、1.9 倍和 2.0 倍。50 强院校体现了高职教育更加注重提升内涵质量。据不完全统计，高职院校在境外建立了 33 个海外分校，尤其是鲁班工坊成为中国高职国际交流合作的新名片，595 个专业教学标准落地国外和境外。浙江旅游职业学院连续两年荣登榜单，可见旅游高职教育的国际化步伐走在了全国前列。

此外，随着中国旅游业在世界旅游业发展中的地位不断提升，中国旅游企业的技术标准需要有一批职业院校将其转化成课程标准，将课程标准推出国门，实质就是企业技术标准的推广，当然也是企业产品的推广。中国旅游职业教育业需要有一批职业院校能够在国际旅游职业教育界发出“中国声音”，展示“中国形象”。因此，通过国际合作，国内旅游院校或专业参与制定职业教育国际标准，开发国际通用的专业标准和课程体系，推出一批具有国际影响的高质量专业标准、课程标准、教学资源，成为旅游职业教育国际化发展的重要目标。

将一流企业的技术标准转化成课程标准，课程标准走出国门的推广，实质就是企业技术标准的推广，当然也是企业产品的推广。中国也要有一批职业院校承担起这一职责。

第四节　注重育训结合，形成旅游职业教育的新影响

《国家职业教育改革实施方案》强调职业教育包括职业学校教育和职业培训，落实职业院校实施学历教育与培训并举的法定职责，按照育训结合、长短结合、内外结合的要求，面向在校学生和全体社会成员开展职业培训。引导行业企业深度参与技术技能人才培养培训，促进职业院校加强专业建设、深化课程改革、增强实训内容、提高师资水平，全面提升教育教学质量。畅通技术技能人才职业发展通道，鼓励其持续获得适应经济社会发展需要的职业培训证书，引导和支持企业等用人单位落实相关待遇。对取得职业技能等级证书的离校未就业高校毕业生，按规定落实职业培训补贴政策。

因此，旅游职业教育应该以旅游职业需求为导向、以实践能力培养为重点，将院校人才培养与校外社会培训并重，育训结合，将优秀的旅游人才输出企业，将先进的人才培养理念与企业共享，同时将企业发展模式、用人需求目标等企业实际引入学校教学，提升教学质量。广泛对接行业企业，建立教师服务企业管理制度，建立服务项目为载体的服务方式，帮助企业解决实际问题的同时提升教师社会服务能力。拓宽社会服务覆盖面，面向一带一路和新农村培训，面向区域经济、乡村振兴建设等提供培训和技术服务。

第五节　参与“一带一路”，凝聚旅游职业教育发展新动能

丝绸之路不仅是文化之路、商贸之路，更是全球最具活力和潜力的黄金旅游之路。截至 2019 年 4 月，中国和“一带一路”参与国双向旅游交流超过 6000 万人次，“一带一路”已成为世界旅游的热点。中国正与沿线国家拓展交流空间、深化合作内容、完善合作机制，促进丝绸之路沿线国家旅游业的共同繁荣与发展。

有预测显示：到 2020 年，中国与参与国双向旅游人数将超过 8500 万人次，旅游消费将达 1100 亿美元左右。旅游职业教育服务旅游业发展，同样应该探索与中国旅游和旅游产品“走出去”相配套的职业教育发展模式，为探索提升我国旅游产品国际竞争力和职业教育国际影响力，支撑国家“一带一路”倡议，为旅游海外企业发展提供人力资源保障。

职业教育积极参与“一带一路”建设，以国际产能合作带动装备、技术、品牌、标准和服务输出。2018 年，天津现代职业技术学院与旁遮普省技术教育与职业培训局（TEVTA）合作共建的巴基斯坦鲁班工坊揭牌。鲁班工坊已累计为合作国家和地区培训培养学生 4000 余人次，培训教师 600 余人次，得到了合作国家的重视和好评，已经成为职业教育参与一带一路建设的一面旗帜。旅游职业教育促进跨文化交流，引导职业院校“走出去”的同时“引进来”，通过加强与旅游教育发达国家的交流合作，引进优质职业教育

资源，比如瑞士洛桑的酒店管理人才培养模式、法国蓝带国际学院厨艺及款待业管理模式等，用于优化自身教育资源，探索旅游职业教育的国际化发展路径与运行机制。旅游职业教育在境外办学、专业群设置、课程体系更新、实践教学实施、服务技能培训等国际化人才培养方面，将为“一带一路”国家培养适合当地旅游经济发展的技术人才发挥作用，推动“一带一路”建设行稳致远。

第六节 聚焦文旅融合，探索旅游职业教育人才培养新模式

文化与旅游产业的深度融合已成为文化产业和旅游业发展的大趋势，是新时代经济快速发展的新动能，要重视文化和旅游的综合效应的发挥。随着国家体制改革，政府机构的文化部门与旅游部门的合并，顺应了“文化是旅游的魂、旅游是文化的体”的产业特征。使文化和旅游进一步的深度融合，有利于促进文化产品的发展。推动旅游与文化深度融合发展，人才是关键。必须牢固树立人才是第一资源的思想，人才是推动文化旅游融合背景下旅游业快速发展的重要动力。但就目前新时代文化融合背景下旅游发展现状来看，还存在很多问题，特别是新时代文旅融合背景下的旅游类人才的缺乏，高层次复合型人才的不足，导致文旅融合发展内生力不够，不利于新时代文旅融合背景下旅游业的发展。重视在文旅融合背景下高职旅游类人才培养模式创新研究，有利于高职院校抓住新时代的机遇，培养出适应时代发展趋势的高素质旅游人才。

第七节 助力乡村振兴，突显旅游职业教育新成效

《2019 中国高等职业教育质量年度报告》显示，高职院校在助力欠发达地区发展、助力乡村振兴、助力脱贫攻坚正发挥日益重要的作用，其中 65 所职业院校发起成立全国职业院校精准扶贫协作联盟，引导院校教育扶贫取得成效。

精准扶贫是新时期党和国家扶贫工作的精髓和亮点，是全面建成小康社会决胜阶段的重要举措。坚持大扶贫格局，“扶贫先扶志”“扶贫必扶智”，注重扶贫同扶志、扶智相结合。“旅游教育扶贫”模式是对传统教育教学模式的一种创新，充分结合旅游、教育、扶贫三者的优势和特点：在教育中体现旅游的专业特色和扶贫的办学思路；通过教育为旅游企业提供应用型人才；通过旅游企业获得扶贫教育的经费支持，从而有效地解决学生上学难、就业难，旅游企业用工难，职业学校招生难的“三难”问题。同时，从很大程度上引导农民对职业教育、扶贫工作和旅游行业形成正确而理性的认识。“旅游”让“教育扶贫”有了方向；“教育”让“旅游扶贫”有了手段；“扶贫”让“旅游教育”有了空间。“旅游教育扶贫”模式将旅游人才培养、职业教育、政府开发式扶贫紧密结合在一起，形成“三位一体”多方协作、互惠共赢的关系，三者资源互补，相互促进，相得益彰。

山东旅游职业学院结合旅游业发展现状及趋势，积极开展以乡村旅游转型升级、提质

增效为主要内容的专题培训，为实现乡村旅游转型升级提供智力支持，助力乡村旅游扶贫。2018 年先后举办了无棣县乡村旅游培训班、鄄城县全域旅游培训班、惠民县乡村旅游培训班、全省黄河滩区乡村旅游扶贫培训班；同时认真做好对口支援智力支持，分别举办了青海海北州旅游服务技能培训班、日喀则市全域旅游和旅游扶贫研修班、重庆市旅游扶贫专题研修班；2018 年 6 月中旬还受广西旅发委的委托举办了广西全域旅游专题研修班。以上共计培训各级各类人员 426 人次，通过培训，参训学员既掌握了乡村旅游发展提升的前沿理论，又学到了丰富的实践经验，必将推动乡村旅游提档升级，助力乡村旅游扶贫。选派优秀干部挂职乡村第一书记，加强村级组织建设、助力脱贫攻坚。邀请旅游领域专家对五个帮包村进行旅游扶贫规划，先后协调各类资金 1180 万元，集中打造富春扶贫产业基地（大棚种植）、富春乡居、扶贫超市三个产业项目。

浙江旅游职业学院积极响应浙江省关于推进全省大花园及万村景区建设的号召，连续第二年开展了“师生助力全省万村景区建设”活动。2018 年共发动 5 名教师和 155 名学生组建 52 个团队，分赴全省 8 个地市 43 个县（市、区）的 85 个创建村落进行创建帮扶，其中 15 个村落成功创建成为省级 3A 级景区村庄。2018 年 7 月，浙江旅游职业学院作为牵头单位的浙江省乡村旅游应用技术协同创新中心，获批浙江省第二批应用技术协同创新中心，是全省 20 个应用技术协同创新中心中为数不多的管理学科类协同创新中心，积极参与对口支援，支持落后地区发展，2018 年为中西部地区开展各类培训 10 期，培训学员 644 人，为帮扶地区经济发展、特别是旅游业发展提供智力支撑。选派两位干部教师赴新疆阿克苏地区，选派一位干部赴贵州省台江县挂职，倾力援建当地旅游产业发展。举办了 2018 年青海省 A 级旅游景区质量等级评定专题培训班，发挥浙江旅游优质教育资源的辐射作用，帮助海西培养高素质旅游人才。

河北旅游职业学院创新发展驱动，旅游扶贫建大功。其编制了《河北旅游职业学院精准扶贫工作行动方案》，校政联手精准扶贫结硕果。河北旅游职业学院与承德市所属县区有关部门通力合作，共同举办涉农类、旅游类专业技术培训，为精准扶贫培养技术骨干。2018 年 5~7 月学院承接了河北省 10 个深度贫困县的“旅游扶贫”培训任务，每个县举办两期培训班，分别培训旅游管理人员和旅游从业人员，共培训 1043 人，培训内容涉及旅游产业扶贫政策解读、民宿庭院设计、插花艺术、旅游工艺品的打造、互联网 + 旅游营销、乡村旅游总体规划与设计、旅游商品的开发包装及营销、旅游消费心理学、乡村旅游服务礼仪、民俗文化等十多个方面。

第八节　探索多项举措，迎接旅游职业教育新挑战

一、提质与扩招并进带来新挑战

高职扩招 100 万是促进稳定和扩大就业，实现高职教育高质量规模发展的重大举措，

高职院校在迎来发展利好的同时也面临资源“摊薄”的挑战。旅游高职院校紧紧响应国家政策，于 2019 年开始实施 B 类、C 类考生的招生，对退役军人、下岗失业人员、农民工、农民、在岗职工等进行学历提升教育。院校面临的第一大挑战是教育资源不足的问题。就当前旅游职业教育资源的占有情况来看，独立设置的旅游院校情况较好，综合类院校的旅游类专业占有教育资源的状况并不理想，扩招会带来教育资源的“摊薄”的问题，迫切需要政府提高对旅游职业教育的认识程度、深化改革，推行有利于旅游类院校扩招的优惠政策，积极支持旅游高职院校扩大教育资源投入，促进校企命运共同体的建设，促进校企资源共享。另外一个大的挑战是不同类型生源的人才培养问题。退役军人、下岗失业人员、农民工、农民、在岗职工考生与普通夏季高考、春季高考的考生的学习基础差距较大，探索不同类型的考生的分类培养模式、管理模式成为旅游高职教育需要解决的问题。

二、高质量输出技术服务遭遇新挑战

旅游职业教育多以企业培训、实习生输出的方式向企业输出技术服务，在横向课题研究、企业技术难题攻关、纵向科研服务等方面表现并没有优势。况且，就现在的企业培训的内容来说，多以员工服务意识和服务技能、管理方式等方面的培训，很少涉及企业需要的运营技术和管理技术，也就是企业培训的质量还有很大的提升空间。以解决企业实际运营难题、企业技术攻关为项目载体的横向课题或联合企业的纵向科研课题在旅游高职院校的实现程度很低。但是随着旅游企业逐渐追求品质化发展的转型之后，旅游企业对品质提升的运营技术、管理技术、信息化管理等方面的要求越来越多，旅游高职院校在这些方面的输出能力偏弱。这也是一段时间以来，旅游高职院校与旅游企业的合作融合程度不深造成的结果之一。校企在技术研发方面的脱节导致双方技术服务项目合作达成率不高，这与国家赋予旅游高职教育的地位和作用不符。旅游高职教育社会服务能力提升是当前旅游职业教育的首要任务，迫切需要旅游高职院校能融入区域产业发展，在技术技能人才培养、技术技能研发和产品升级、企业运营和管理技术研发等方面取得更大成效。

三、旅游高职教育特色类型教育建设面临新挑战

旅游高职教育作为职业教育的一大类别，同样在探索办学模式的多样化和校企融合的深度化。长久以来，学校为唯一办学主体的模式，这使得在探索校企双元办学模式时，需要付出更多的努力和尝试。但是单一的办学主体下存活的单一的学年制教学管理难以适应生源渠道多元化、学生需求多元化、学习终身化的趋势。企业参与旅游高职教育办学成为该类型教育发展的必然要求，这应该是旅游高职教育类型的特色。但是这种特色教育模式的培育和实施需要政府部门优化高校设置标准、教学标准、管理制度等一系列配套政策，更需要旅游高职院校在这方面的探索和尝试。

附　录

2018 年度全国旅游职业教育状况调查

各院校：

为全面了解 2018 年我国旅游职业教育发展现状，教育部、文化和旅游部、全国旅游职业教育教学指导委员会委托《中国旅游职业教育年度报告》课题组开展本次数据收集工作，请贵校安排专人拨冗完成。我们承诺，此次收集的数据仅用于《报告》的撰写，感谢您的帮助与支持！

《中国旅游职业教育年度报告》课题组

2019 年 6 月

问卷访问网址：问卷星，https：//www.wjx.cn/jq/41580878.aspx

问卷填写二维码：

第一部分　人才培养质量数据统计

1. 院校名称：____________________
2. 贵校的办学层次属于（　）A. 中职　B. 高职高专
3. 院校所在地：____________省（市、自治区）
4. 贵校 2018 年是否有新增专业，A. 是 B. 否
   新增专业名称为____
5. 贵校开设的旅游类专业中，省级以上特色或重点专业数量____个。

6. 旅游类专业校内专兼任教师共____人，拥有省级以上教学名师____人，具有高级职称____人，中级职称____人，初级及以下职称____人。校内双师型教师比为____%，生师比是____。（n:1）

7. 旅游类专业兼职教师中，校外企业中高级管理人员____人。

8. 2018 年度旅游类专业教师人均培训进修天数____天，年度人均企业挂职锻炼天数____天。

9. 贵校旅游类专业教师 2018 年参加省级以上教师技能大赛获奖____项，省级以上信息化教学大赛获奖____项，省级以上教学能力大赛获奖____项。

10. 旅游类专业教师 2018 年主持省部级以上课题____项，国家级课题____项。

11. 贵校是否牵头组建或加入旅游职业教育集团？（　）

A. 牵头组建　　B. 加入，属于成员　　C. 未加入

12. 旅游类专业省级资源共享课____门，国家级资源共享课____门。

13. 旅游专业校内实践课课时占总课时的比重为____%。校内实训场馆的数量为____个。其中，校企共建实训场馆的数量为____个，经营性实训场馆____个。

14. 贵校旅游专业国内实习基地数量为____个，贵院校海外实习基地数量为____个，贵院校海外实习基地国别（地区）包括____________________

15. 贵校旅游专业是否开设职业精神、职业素养类相关课程？（　）

A. 是　　B. 否

如选“是”，请回答第 16：

16. 贵校职业精神、职业素养类相关课程属于（　）（可多选）。

A. 公共基础课　　B. 专业必修课

C. 专业选修课　　D. 公共选修课　　E. 其他（请写出）________

17. 贵校旅游专业学生参与社会实践服务项目有____________________

____________________（请填写名称）。

18. 贵校是否设置创新创业教育专门机构？（　）

A. 是　　B. 否

19. 贵校是否开设创新创业类课程？（　）

A. 是　　B. 否

如选“是”，请回答第 20 题：

20. 贵校开设的创新创业类课程名称为____________________。

21. 2018 年度旅游类专业毕业生总体就业率是____，其中省内就业率为____，专业对口就业率为____。海外就业人数为____人。毕业生升入更高级别学校（包括考研、专升本、中职升高职等）的比例为____，毕业生自主创业的比例为____。

22. 2018 年度旅游类专业毕业生就业薪酬平均为____元。

23. 本年度贵校培训旅游行业从业人员____人，实现收入____万元。

24. 贵校旅游专业教师 2018 年获得省部级以上教学成果奖____项，国家级教学成果奖____项。

25. 贵校是否实行“1+X”证书制度，如果是，旅游相关专业学生可取得的职业技能等级证书包括________________。

第二部分　人才培养案例征集

案例征集范围：校企合作、国际合作案例；创新创业教育案例；德育教育案例等。如无案例，可不必提供。

体例要求：

1. 案例标题能够反映案例的主要内容。

2. 案例字数控制在 200 字左右。

3. 同一院校可提交多个案例，所有案例在同一个 Word 文档完成，图文并茂。

4. 案例提交请发送到指定邮箱：sdtrc@126.com，截止日期：2019 年 9 月 15 日。

本次问卷调查到此结束，感谢您的支持与配合，祝您愉快！